Y.4684.

1860

LA SAVOYE
DE IAQVES
PELETIER
DV MANS,

*A Tresillustre Princesse Marguerite
de France, Duchesse de Sauoye
& de Berry.*

Moins & meilleur.

A ANECY,
Par Iaques Bertrand.
M. D. LXXII.

PREMIER LIVRE
DE LA SAVOYE.

A TRESILLVSTRE PRIN-
CESSE MARGVERITE DE
France, Ducheſſe de Sauoye
& de Berry.

VOVS, *de la Grece hoſteſſes an-*
ciennes,
Qui à preſent eſtes Sauoiſiennes,
Inſpirez moy des dons de voſtre
Dieu,
Leſquelz ie vien rechercher ſur le lieu:
Pour mieux chanter l'admirable facture
Des baſtimens ouurez de la Nature,
Et les auis que vous m'auez donnez
Par les hautz Mons que i'ay enuironnez.
    Et toy, ſans qui point de los ne merite
Cete entrepriſe, ô franche MARGVERITE,
Illuſtre ſang du Iuppiter François,
Ici conuient que Pallas tu me ſois,
Et s'il y a Deeſſe plus proſpere,
Repreſentant & les Seurs & le Pere,

A 2

Vu que l'espoir d'icelles tu soutiens,
Et que l'esprit paternel tu retiens.
 En ces partours que dire ie propose,
Si grand suget, & si divers s'expose,
Que la Nature en confuse beauté
Le iugement de choisir a ôté.
Car quand ce vient que l'ouurage on contemple
Plein de façon, sans patron ni exemple,
On a de quoy les causes en tirer,
En quoy se plaire, & de quoy admirer:
Des hauz sommetz la raison s'imagine,
Pour quoy ilz sont des Fleuues l'origine:
Vne eau sans air, tousiours va haut tendant:
Ayant pris l'air, tousiours va descendant:
Et court sans fin, tant qu'elle soit reçue
Au grant giron dont elle estoit issue:
Ainsi la Mer se vide & se remplit,
Et sa rondeur eternelle accomplit.
 Pourquoy en haut l'aspre gelée esprise,
Le clair Soleil & ses rayons mesprise,
Et aus lieus bas, où le Soleil n'appert
Si longuement, en moins de tems se perd:
Les raiz luisans, qui libres s'eslargissent
Sur la campagne, abondamment agissent,
Et à loisir: car leur proiection
Sa force accroit par la reflexion:
Mais la hauteur, où le Soleil applique
Ses raiz disioinz, & de trait plus oblique,
Ne peut garder cete viue chaleur
Si longuement en sa pleine valeur.
 Pourquoy d'Eco, dont l'oreille est deçue,

L'eau

L'eau resonnante est tellement reçue,
Que le passant veut voir à l'approcher,
Si ce ruisseau est dedans le Rocher:
Comme au Miroir la polie verriere
Fait voir l'obget, estant close derriere:
Et comme l'eau ne pouuant transparoir
Outre le fons, fait le mesme apparoir,
Ainsi d'Eco est la voix reboutee,
Quand l'air s'entonne en la Roche voutee:
Et quand les crotz & circuiz cauerneus
Rendent le son qu'ilz ont cueilli en eus.

 En trauersant par les Roches hauteines,
On voit saillir les premieres Fonteines,
Qui donnent nom aus plus petiz Ruisseaux,
Dont s'enflent ceus qui portent les vaisseaux:
On voit comment vne Eau aquiert sa force
En se mouuant, sans qu'autre eau la renforce,
Par le moyen de son canal, reduit
De plus estroit, en plus large conduit.
Tout ainsi fait la matiere allumee,
Qui au foyer rend bien peu de fumee,
Par le tuyau peu à peu s'estendant,
Puis par dehors au large s'epandant.
Cet Air fecond rend les choses diffuses,
Par les vertuz de ses espriz infuses:
Vn Vent petit augmente son pouuoir
Au long aler, & la rouë au mouuoir.

 Entre les Eaus de la Nature insignes,
Les Lacs parfons sont de merueille dignes:
Les vns sont bas, entre les Mons compris,
Aucuns d'iceus les plus hauz lieux ont pris:

A 3

PREMIER LIVRE

Des vns les eaus plus que d'autres vtiles:
Les vns feconds, les autres infertiles:
Tous peu à peu hors leurs riues sortans,
Et sur leurs bors par ondes reflotans.
Quand en leurs fons tousiours plein se limitent,
De l'Ocean la nature ilz imitent:
Ilz ont des rocz, & des goufres parfons,
Comme la Mer, où n'y a point de fons:
Par où les vens, qui sourdent, & s'augmentent,
Des floz ondeus comme en Mer les tormentent:
Et qui leurs tems & certains signes ont,
Si trop nouueaux les bateliers ne sont.
  Et se croit bien que les Fleuues trauersent
Par souz les Mons, & que les eaus se versent
De Lac en Lac: qui tousiours abondans,
Sont l'vn à l'autre en leurs fons respondans.
Bien deuoit estre vne telle contree,
Celle où iadis Cireine ouurit l'entree
De ses palais moites & cauerneus
Au triste filz Aristee, & peneux,
Ayant perdu d'vne mort langoureuse
Les beauz esseins de dousseur liquoreuse:
Ell' luy montra & l'addresse & l'endroit,
Où le deuin Protee il surprendroit:
Et eut le soin de le conduire adonques
Par les chemins des humides spelonques,
Dont les detours conduisent par leans
Iusques aux bors des diuers Oceans:
Desquels les eaus souz l'areine epurgees,
Et par certains soupiraux degorgees,
Changent leur sel en liquide fraischeur,

         Seda

Sedant la soif, & le chaud dessecheur.
Il vit couler tous les Fleuues grand erre,
Cler resonnans par dessouz la grand' Terre:
Or choir en bas, or se hausser amont
Pour trouuer l'air à la pointe d'vn Mont,
Dont roidement leurs eaus ilz precipitent,
Pour arroser ceus qui la terre habitent,
Et leur nourrir les diuerses façons
D'arbres, d'oiseaus, d'herbes & de poissons.
 Il vit la Seine à la source petite,
D'vn mesme nom auec son Fleuue dite:
Qui par Bourgongne, à Châtillon descend,
A Bar, à Trois, où seul ancor' se sent:
Mais tost apres d'Aube s'estant fait large,
De ses bateaux à Nogent il se charge.
Et vers Prouins, Yonne & Loin beuuant,
Et puis Melun & Corbeil abbreuuant,
A Charanton prend Marne dans sa riue:
Et ainsi grand, au grand Paris arriue,
Passant le pont en arches comparti,
Euure de main d'Architecte basti:
Et puis celuy où tant de moulins tournent:
Et cil ancor' où les tresors seiournent,
D'or, pierrerie, & labeur martelé:
Mesmes celuy Petit pont appellé.
Puis transcourant la structure seconde
Du pont Seinclou, que luy dressa Iuconde,
Vient à Conflans, où l'Oise perd son nom:
Puis descendant par Mante, & à Vernon,
Au Pont de l'arche, à Rouan, qui commande
Par ses arretz à la terre Normande.

A 4

Aiant receu l'eau salee & les Naufz,
Meurt en la mer des Septentrionnaus:
   Loire, qui sort d'Auuergne montueuse
Pour abbreuer de son eau fluctueuse
Le long païs des Viles & terrois,
Par ci deuant plus frequentez des Rois:
Orleans, Mun, (l'vn l'Etude renomme,
De l'autre ancor' son Poete se nomme)
Blois & Amboise & les beauz iardins vers
De Tours, experte en l'ouurage des vers:
Schinon, Saumur: puis de course plus basse
Dessouz les Pons de bois conioins il passe,
Aupres d'Angers, là où le Droit s'aprand.
Au mesme lieu les trois Fleuues il prand,
Meine, & le Loir, & nostre Sarte ensemble
Et les trois noms des Poetes assemble.
En fin ce Pere, à Nantes va souz Mer,
Luy & tous ceus qu'il boit, se consommer:
   Garonne, issant des Mons confins d'Espagne,
Qui de ses floz pierreus Toulouse bagne:
Et abbreuuant les Gascons d'Agenois,
Chet à Bordeaus, teste du Guyennois:
Où la Dordonne auec elle meslee,
De l'eau des deus Gironde est apellee,
Dessus Lermont: où la Mer reflotant,
A Blaye vient, son court nom luy ostant:
   Le Rône ayant des froiz Grisons sa source,
Qui par le lac Leman passe de course,
La calme Sône à Lyon enleuant,
Et puis les murs de Vienne lauant,

                         Se va

Se va enfler d'Isere, ia plus noble
D'auoir passé au trauers de Grenoble:
Puis descendant entre Tein & Tournon,
Court à Valence, Etudes de renom:
Et par l'Oriol abbreuuant la campagne
Du Viuareis, Montelimar il bagne.
De là, ayant transcouru son tiers pont,
Va arrouser la Cité qui repond
Au Rommein siege: où passant souz les arches
D'euure massif, il entre sur les marches
De la Prouuence: Et la Sorgue aualant,
Claire du Poete à sa Laure parlant,
Boit la Durance, & le Gard, qui bruit meine
Du triple pont de structure Rommeine:
Puis entredeus Beauquere departant
De Tarascon, & tantost s'ecartant,
L'vn de ses bras par Arles il transporte
Dedans la Mer: l'autre pres d'Aiguemorte:
Et à l'entrer, l'eau douße, murmurant,
Contre le sel va longuement durant:
Mais l'Archipel, quoy qu'vn tems il la soufre,
Et sa doußeur & tout son bruit engoufre.
Là le vaisseau du Pilote inexpert
Et hazardeus, souuentesfois se perd.
 Or laissons là le cher filz de Cireine,
Et la contree humide souzterreine,
Et son Protee: apresent nous aimons
La liberté des eaus, & l'air des Mons.
 Dedans le Lac, que le Bourget denomme,
Le Lauaret friand, seul se renomme,
                    A 5

Haran d'eau douſſe, & viuant tout à part,
Mort auſsi toſt que de l'eau il depart.
Là le Heron vole haut, & crie aigre:
Là eſt l'Arlette au corps plumeus & maigre,
Qui d'œil agu va ſa proye chaſſant,
Et à fleur d'eau la rauit en paſſant:
Le Cormoran, qui iuſqu'au fons transperſe,
Peſche la Truite au milieu de l'eau perſe:
Ayant ſon corps auſsi pront mouuement,
Comme ſon œil regarde viuement.
 Deſſus ce bord eſt la fameuſe tombe
Des Ducs defuns, deſerte Hautecombe,
Fondee en biens, & en murs erigez:
Ceus là bien pris, & ceusci negligez.
Là par merueille vne eau du roc deuale
Endroit midy, gardant vn interualle
D'arreſt & cours, par tems alternatiz:
Qui ſouz la pierre ainſi ſont departiz
Que l'eau, qui ſort par floz & à la foule,
Chet en la cuue, & à loiſir s'ecoule:
Et ce pendant la ſource s'intermet,
Puis toſt apres autant y en remet.
Ainſi ſe fait l'Euripe par repriſes,
Souz le reſort du roc ſi bien compriſes,
Que les humains artifices n'ont pas
Leurs manimens de plus iuſte compas.
Et de cete eau la terre proche imbue,
Fait vn marais, où eſt l'Iſlette herbue,
Qu'on voit nager lors qu'il y a grand eau,
Par là deſſus, ainſi comme vn bateau.
 Vne autre Iſlette au petit Lac mouuante
De Ce

De Cheuelu, montre qu'il cartier vente:
Car là dessus s'est vn arbre produit,
Qui sert de voile au vent qui la conduit.
Tant qu'on voudra, l'Egiptienne feue
A fleur du Nil s'enracine & se leue:
C'est vne mote, où la semence on met,
Et qu'à cete eau limonneuse on commet:
Mais ici l'eau fournit sa couuerture
Sans aide aucun, de terre & de verdure,
Qu'elle sait bien meintenir & nourrir,
Tant il s'en faut qu'el' la doiue pourrir.
Ainsi les faitz de Nature procedent,
Et l'vn à l'autre euidemment succedent.
Bien l'Air de l'Eau se doit faire aisément,
Puis qu'il s'en fait le plus gros Element:
Ainsi tousiours les quatre qui varient
Leur mistion, & tant se contrarient,
Font vn accord sans fin, en s'embrassant,
Et par entr'eus les sustances brassant.
 Bien se connoit celle ouuriere altissime
Auoir transmis ces sources à la cime,
Tant pour les Mons nourrir & humecter,
Qu'aussi pour l'homme en profit delecter,
Quand au milieu des plus hautes Montagnes
Ell' y a mis prayries & campagnes,
Donnant à l'homme exercice à propos
D'vtilité, de peine & de repos.
Et quand ce vient que le Soleil remonte,
Portant l'Esté, qui les froidures domte,
Vous y auez blez & herbages vers,
Qui ont esté souz la blancheur conuers,

Incon

Incontinent que les Neiges pendues
Par le Soleil des Iumeauz sont fondues:
Dont les ragaz & bouillons rauineus
Portent les Rocz par le val ruineus.
Tant ne se montre outrageus vn grand Fleuue
En plein hyuer, quoy que long tems il pleuue.
Qu'en plein Eté, le murmureus Torrent
Au depouruu implacable se rend.
Par la se font les petites Riuieres
En peu de tems intraitables & fieres.
Que si ancor' l'air de pluye est troublé,
Le grand debord horrible est redoublé.
Le cours errant des Vsses, qui deriue,
Sable & cailloux roulant par fons & riue,
Les passans naye en son gué deceuant,
Que lon passoit à l'aise vn peu deuant.
Et le Torrent, à qui l'horreur bruitiue
Auoit fait nom: mais la tourbe creintiue,
Pour l'appaiser, par vn accord de tous,
De Nant bruitif, l'a changé en Nant dous.
 Mais qui dira les bruyantes ondees,
Et les frayeurs de ces eaus debordees?
Lors que se romt le grand monceau glacé,
Qui sert de bonde à l'estang amasse?
Dont la rauine horrible & furieuse,
Tout à vn coup faite victorieuse,
Gete à l'enuers ce boulaur remparé:
Et par l'ouuert qu'elle s'est preparé,
Sort en façon d'vne Montagne ondeuse:
Et diroit on, à l'issue hideuse,
Qu'alors alors se doiuent deplacer
        Les Mons

DE LA SAVOYE.

Les Mons massifz, pour la laisser passer:
Quand les Rochers elle heurte & arrache,
Et les roulant, en telz coins les attache,
Que parapres on pense qu'en ces lieus
Ilz ont esté depuis les siecles vieus.
Par ce deluge afreux, epouuantable,
En peu de tems, pour long tems lamentable,
S'en vont aual les beuz & les cloisons,
Les habitans auecques les maisons.

   Par ces Vallons, les riuieres neigeuses
Sont aus humeins presqu'en tout dommageuses:
Troubles par tout, & froides sont les eaus,
Nuisans au corps, sans poissons, sans oiseaus.
Mais au moyen des conduites lointeines,
Par les tuyaus arriuent les Fonteines
Aus lieus Bourg'ois. Sauoye, sans cela,
Auroit le moins de ce que plus ell'a.
Et ceus qui n'ont des Fonteines l'aisance,
Estans contreins de boire, par vsance,
L'eau des Torrens, bien peu y a d'entr'eus,
Que lon ne voye en deuenir goitreus.

   Courantes Eaus, dont l'eternelle suite
Meintient son cours d'inuariable suite,
Bien est le lieu fecond, dont vous saillez,
Vu qu'en courant iamais ne defaillez:
Bien grand l'ouurier qui vous a assurees
Dans voz canauz, & de Rocz emmurees,
Pour affermir & de veines & d'os
A cete Terre & le ventre & le dos.
On voit à l'œil, par votre force exquise
La vraye essence aus choses estre aquise:
                           Vous te

Vous temperez des corps les grans exces
S'ilz sont trop chauz, ou bien s'ilz sont trop secz:
Vous auancez les herbages qui croissent,
Et tous les fruiz qui sur terre paroissent,
Les Mineraux souz la terre logez
Sont tous par vous premierement forgez.
Mesme en passant par les mines veineuses,
Vous apportez aus riues areineuses
De l'or exquis les greins perlez & blons,
Entreluisans par l'obscur des sablons.
Que si l'Espagne vn Tage iaune extolle,
Frigie vn Herme, & Lidie vn Pactole:
Bien peut Sauoye auoir mesme renom
Pour ses Ruisseaux, qui d'or ont pris le nom.
Mesme le Rône a son areine blonde
Par ses confins. Ainsi Sauoye abonde
Des dons diuers, qui sont particuliers
Aus regions pour grans & singuliers.
Par l'Ocean & par vous, la grand masse
A se mouuoir sa pleine force amasse:
Puis les deus clairs Elemens d'alantour,
Plus viuement accomplissent le tour:
Et vous rentrant en la Mer qui vous pousse,
Ne la croissez, & ne la rendez dousse,
Elle gardant tout' vne sa rondeur,
Son mouuement, sa saueur & grandeur.

 Que dirons nous de la Neige qui tombe
En vn monceau, tout le long de la combe?
Quand par les Vens arrachee elle part,
Ou quand le chaud par dessouz la depart:
Voire & conuient que les passans auisent

De ma

De marcher coy, & qu'entr'eus ne deuisent,
Et a l'on vu (merueille) au seul parler
La Neige rompre, & en bas deualer:
Soit que la voix, qui à l'air donne branle,
La pesanteur ia ruineuse ebranle:
Et que l'effort du marcher pesamment,
Iusques au lieu monte continemment.
Ainsi s'en vient la masse à la renuerse,
Qui son lourd fais tout aual bouleuerse:
Non qu'au partir ell' ait si grand' durté,
Mais en roulant, de son pois aheurté,
Amasse en rond tousiours Neige recente,
Si tost, si fort, de si longue descente,
Que du fracaz qu' ell' va par l'air donnant,
De loin cuidez ouir le Ciel tonnant,
Ou ce qui semble à la celeste foudre,
L'horrible son de la machine à poudre:
Cete Lauanche au choir se vient ouurir
Au heurt des rocz, & tout le val couurir:
Ou (qui la foy de l'ouye surmonte)
Ce fais massif venu aual, remonte
Contre le Mont opposite estendu,
Presqu'aussi haut qu'il estoit descendu.
N'a l'on pas vu cete boule massiue
Se rebondir d'vne force excessiue
Vers l'autre Mont? & auoir acrasez
Les vilag'ois es hauz lieus accasez?
Et si le son est hideus & horrible,
Le souflement est bien aussi terrible,
Quand les tronsons des gros Sapins branchuz
Deracinez, du seul vent en sont chuz.

                                          Or a

Or avient il que ces Alpes chenues
A l'œil lointein ont semblance de Nues :
Car un corps clair, de pres a autre egard,
Que quand il est distant & à l'ecart :
Et les couleurs, qui semblent bien natiues
En l'Arc du ciel, ne sont que putatiues :
Les Nues mesme ont leur conuexité
Par apparence, & non par verité.
Car l'air moyen, par la vigueur solaire
Gros ou sutil, & l'espace oculaire,
Rendent ce sens, qui voit, ou pense voir,
Sur tous les sens facile à deceuoir.
Quant au Soleil, qui semble pale ou rouge,
Grand ou petit, iamais pourtant ne bouge
D'un ferme estat : & la Lune souuent,
Qui nous promet chaud, froid, ou pluye, ou vent,
Se montre blesme, ou rouge, ou orangee :
Bien que iamais elle ne soit changee,
Fors quand la Terre en ses defauz hideus,
Fait du Soleil & d'elle l'entredeus.

 Ancor, des Mons la face nous expose
L'estat de l'Air auquel il se dispose :
Souuent en haut on voit s'amonceler
L'air vaporeus, & là se congeler
Tout alantour, & s'en faire une Nue,
Qui au milieu du Mont est retenue :
Et qui voudra par fois prendre le soin
De la iuger de pres comme de loin,
Il trouuera, quand par là il trauerse,
Cete vapeur estre bien peu diuerse
D'une rosee : Et lors que l'epaisseur

Est ac

Est accomplie en sa iuste grosseur,
S'elle de soy est aquatique toute,
Force sera qu'en pluye elle degoute:
Mais s'elle n'a que du seul vaporeus,
Se resoudra au Soleil chaleureus.

 Si quelque fois laissant la Nue basse,
Iusqu'au plus haut de la Montagne on passe:
L'air tout serein au dessus on peut voir,
Et au dessouz en mesme tems pleuuoir.

 Or qu'alantour de ces Montagnes creuses,
Par soupiraus les humeurs vaporeuses,
Qui la dessouz ont long tems reposé,
Saillans en l'air, le facent disposé
Au chaud, au sec, ou a chaque contraire,
Bien, il s'en peut ferme raison extraire:
Mais que d'vne eau, d'heure en heure expirant
L'humeur en l'air, qui la va attirant,
Puisse s'illir vne vapeur si preste,
Qui tout autour emeuue la tempeste,
Quoi que du lac de Beaufort il soit dit,
Vers les disans i'en laisse le credit.

 Entre ces Mons on voit trois droites pointes
D'vne hauteur, iusques aus Nues iointes,
Qu'Vlles on dit: & de ces trois Rochers,
Semble de loin que ce soint trois clochers:
Qu'on ne sut onq atteindre iusqu'au feste,
Tant est ardue & pointue leur teste:
Sinon qu'a pair sont les Mons, ce dit lon,
Du Galibier, & de Rochemolon.
Tous les surpasse ancores le Montuise,
Planté au lieu, qui Dauphiné diuise

       B

Du Marquisat:& le Pau qui en sourd,
Se perd souz terre vn tems, puis se resourd.
   Mais qui croiroit deuoir estre egalees
Par trait de tems, les Roches & vallees?
Les comparant ensemble, lon diroit
Qu'auparauant le monde finiroit.
On voit les Rocz neantmoins qui se rompent,
Et par le tems se sechent & corrompent:
,, Ce qu'en vn lieu la Nature defait,
,, De mesme suite ailleurs elle refait.
Ne voit on pas vne Colline ostee,
Et d'vne asiete en autre trnasportee,
Pres Maurienne, où l'eau tant la mina,
Que toute entiere aual l'achemina?
Comme iadis le Rône qui tout ronge,
Dedans Vouache, es confins de Coulonge,
Fit deplacer vn tertre tout entier,
Arbres & tout, en vn autre cartier.
Pres Anecy vne Montagne mise
Au bord du Lac, s'est peu à peu souzmise:
Et les Chasteaus, que voir on ne pouuoit
De bord en bord, or aisément on voit.
   Puis regardant par ces Montagnes grosses
Les Rocz pendans, les voûtes & les fosses,
Où vous creignez quand vous passez aupres,
Les grans cartiers qui à tomber sont pretz,
On peut iuger que tant de places vides,
De se remplir selon nature auides,
Rendront en fin ces monceaus atterrez:
Ou les fors Vens là dedans enserrez,
Faisans trembler la masse terrienne
                              Eprouué

(Eprouué l'as nagueres, Maurienne,
Et toi, Moutier, tant de fois l'as senti)
Applaniront le fais appesanti.
Et de Mians les abiz en font preuue,
Par le debriz, qui ça & là se treuue:
Quand du Rocher la grand' cime partit,
Et tant de Bours en abime abbatit.
Les fortes Eaus, qui leurs courses alongent,
De iour en iour les Mons cauent & rongent:
Qui contreindront, à force de miner,
Le grand amas en fin de ruiner.
Que dirai plus? les Montagnes n'echapent
L'effort cruel des hommes qui les sapent,
Pour arracher l'or au ventre caché,
Auec le fer, qui en fut arraché.
 Et les Metaus, qui es mines demeurent,
Sont bons témoins des Rochers qui se meurent:
Dont le terrestre au long tems se mang'ant,
En autre corps plus fin se va chang'ant.
Qui plus de l'air & du feu participe,
Qui de la terre, & plus tost se dissipe:
Qui aisément est fondu & plié,
Et qui d'humeur aquee est plus lié:
Pois, fermeté, & couleur, sont les formes,
Qui par entr'eus les font estre diformes,
Selon qu'est l'air & le Soleil actif,
Et l'eau passant par le terroi natif.
Ilz sont long tems cachez dans la matrice,
Autre long tems traitez souz la nourrice,
D'humeur, de sec, plus ou moins durcissans
D'air & de feu plus ou moins claircissans.
       B 2

Mais qui dira la grand' temperature,
Et le sauoir, dont maitresse Nature
Les cuit, les trampe & forge de sa mein,
Laissant la reste à l'exercice humein?
 Ancor' voirrez les pierres transparentes
Dedans les Rocz, de formes differentes:
Safirs, Cristaus, Diamans reputez,
Contentans l'œil, s'ilz auoint leurs durtez.
Et bien souuent l'ouuriere qui les trie,
Les a taillez d'vne telle industrie,
Que la planure & lignemens sutilz
Feront bien honte à l'Art & ses outilz.
Ainsi les Rocz en corps se conuertissent
Plus fins & clairs, & tousiours s'appetissent:
Ainsi les Mons par tems deuiendront pleins:
La terre, mer: & les lieus vides, pleins.
 De ces Rochers la rudesse diforme
Par art humein a reçu autre forme,
Rememorant & l'ouurage & les meins
Des anciens, & mesme des Rommeins:
Qui retrouuans les choses memorables
Es lieus remuz, les rendoint honorables.
Vuiuer en a piliers & chapiteaus,
Tombeauz grauez auec leurs ecriteaus:
Mais la durté du long tems, qui varie,
Et qui les ars reduit en barbarie,
Les beauz labeurs des monumens poliz
A deplacez, brisez & demoliz:
Et les ecritz de compassees lignes,
Mis a l'enuers aus coins des chams & vignes:
Rien ne restant de l'artificiel,

         Sinon

Sinon un peu de superficiel.
Ainsi l'Enuie oublieuse, gourmande
Les faitz humeins, & a mepris les mande.
Puis delaissant l'homme a s'euertuer,
Ne peut ses faitz, ne soi perpetuer.
 Mais la Nature enseignee sans maistre,
A delaissé l'eau des Beins en son estre
D'Ais la pierreuse, où les peres auoint
Mis leur sinal, du tems qu'ilz s'y lauoint:
Des chaudes Eaus s'y retreuuent les cuues,
Pour suruenir de salubres estuues
Aus languissans, par deus effetz, dont l'vn
Retient du soufre, & l'autre de l'alun.
Tele deuient l'eau qui a eté douffe,
Passant les lieus, où la froideur repousse
Le chaud au fons, qui tempere & qui cuit
Le naturel du terroi qui ly duit.
Là les Serpens, des creus sans nombre sortent,
Que sans danger au sein les enfans portent:
Car du terroi mineral la tiedeur,
Leur amortit du venin la froideur.
 Or qui diroit tant de sentiers qui virent
Parmi ces Mons abrupz, que iadis firent
Les durs Bergers, ça & la trauersans,
Pour chercher l'herbe à leurs moutons paissans?
En ces contours, les Vens, qui l'air noircissent,
De gel tranchant, les visages gercissent:
Là le passant mal se peut tenir droit,
Lors qu'en entrant par le passage etroit
Des deus Rochers, soudein lui vienent contre
Les tourbillons, à la foule & rencontre,

L'enuelopans:dont l'effort orageus
Plus a d'obstacle, & plus est outrageus.
　Quand vous montez,vous semble que la cime
Soit cellela que votre vuë estime:
Mais à voz yeus souuentefois deçuz,
Tousiours se montre vn plus haut lieu dessus:
Puis en passant par ce chemin sublime,
Vous entendez,ainsi que d'vn abime,
De ces Torrens les bouillons depiteus
Contre les Rocz qu'ilz trouuent deuant eus.
En ce haut Ciel,vn air qui regne & vente,
Voz sens nouueaus etonne & epouuente,
Qui trauaillez,regardant contre bas
A rassurer votre œil & votre pas.
,, Ardens desirs,qui les hommes affolent
,, D'aler plus haut que les oiseauz ne volent.
　Quele horreur c'est,quand le Rocher pendant
Est de tous tems sa ruine attendant,
Et que les Vens,qui là haut se depitent,
Rompant le fais,en bas le precipitent,
D'vn tel randon & fraieur, qu'en cheant,
Vous fait sembler la Montagne au Geant,
Qui blaphemant les Dieus & la machine,
Secoüt le fais qu'il a dessus l'echine:
Dont les cartiers ebranlez de leur pois,
Font retentir la valee & les bois.
O quantes fois,si à autre heure ilz chussent,
Le laboureur aus chams acablé vssent!
Ces Montagners,du Ciel sont regardez,
Et de ces hauz precipices gardez:
Alez y voir,& vous voirrez où meine

　　　　　　　　　　　　　La cou

La couuoitise & la pratique humeine,
D'auoir osé mettre le pie es lieus,
Qui de ça bas donnent horreur aus yeus:
D'auoir rendu la hauteur accessible,
Ce qu'à la voir, ne sembloit point possible:
Mesme auoir fait par frequentation,
Des lieus perduz, lieus d'habitation.
Soint tant qu'on veut, les Montagnes ardues,
Les voyes soint par la Neige perdues:
Si auez vous au haut & au milieu
Vilages meintz, bastiz de lieu en lieu.
Cete hauteur, en partour suspendue
Fait le païs de plus grand' estendue:
Aussi est il plus peuplé & garni,
Que s'il etoit en campagne applani.
Merueille grand', ces lieus tous pleins d'aspresse
Et de trauail, ont toutesfois la presse
De ceus qui sont l'an tout entier contens,
Pourueu qu'il viene vn seul quart de bon tems.
 Et toi, Bessan, penetré de la Bize,
Et Bonneual, où l'Arc sa source à prise,
Voz habitans sont aus froides saisons,
De Vens & Neige assiegez es maisons:
Et leur famille ainsi emprisonnee,
Vit demi an du pein d'vne fournee.
Contre le Vent ilz vsent pour chassis,
De clairs glaçons es fenestres assis.
Et toutefois cete terre natiue
Leur est si douße, & si recreatiue,
Que ne pensans autres endroiz meilleurs,
Onques n'ont eu desir de viure ailleurs.
     B 4

Puis quand ce vient que les Iumeaus rapportent
Le beau Soleil, de leur fumiere ilz sortent,
Pour voir le Ciel, quilz n'auoint veu depuis
Quatre ou cinq mois, sinon du fons d'vn puis.
Vous les voirriez la face bazanee,
Mener beufz gras & moutons d'vne annee
Vendre au marché, chèureaus, fourmages, euz,
Et rapporter de beaus testons tous neuz.

 Vne autre asiete etreinte de gelee,
Ceus du païs Glacier l'ont appellee,
Detroit horrible, en long & parfondeur
Tout endurci d'eternelle froideur.
Des que les Mons vindrent à apparoitre,
En mesme tems ce gel y vint à croitre:
Et peu à peu ces Rochers de glaciz
Maugré l'Esté se sont faitz plus massiz.
Ie ne croi pas que les Hiperborees
Soint transpercez de plus aspres Borees:
Car le Soleil, qui en vn tems s'y tient
Tousiours leué, quelque Esté y meintient:
Mais en ce lieu, dont l'horreur glaciale
Va depitant l'ardeur solstitiale,
N'y a rondeur, ny forme d'orizon:
Le iour y est comme en vne prison:
Et si n'y a en l'etroite contree,
De tous les Vens, que pour la Bise entree,
Au long des Rocz, desquelz le haut sommet
Luire entredeus au Soleil ne permet.

 Ce lieu pourtant ne s'est pas pu defendre,
Qu'en meintz endroitz ne soit cõtreint de fendre:
Car l'eau coulant' dessouz l'a dilaté,

Et des

Et des le fons ouuert & eclaté,
Par la tiedeur que la froideur regete
Encontrebas,& la y tient sugette:
Mesme les creus qu'ell'a au large ouuers,
Sont de verdeur,tous tems de l'an,couuers:
Le Bouquetein souz cete large voute,
Gros & cornu,l'herbe pature & broute:
Le sang duquel, est celuy entamant
La pierre aus reins,& le dur diamant.
  Et toutefois l'abimeuse fendace,
Le vent,l'hyuer,cede a l'humeine audace,
Auec crampons acerez franchissant
Ce dur chemin perilleus & glissant.
,,*Que voulez vous? la trop actiue enuie*
,,*De trafiquer,ne respecte sa vie:*
,,*Quand ell'estime vn long chemin plus grief,*
,,*Quoi qu'il soit seur,qu'vn dangereus & brief.*
  Ces Mons arduz etoint les iustes termes,
Que la,Nature auec fondemens fermes
Auoit donnez,pour separations
De Ciel,de meurs,de langue,aus nations:
Qui toutefois leur laissa des trauerses
Assez à point,pour traiter leurs commerces,
Pour s'entreuoir:brief,teles qu'il sufit
Aus couuoiteus de plaisir & profit.
Mais quele ardeur,ou plus tost quele rage,
De l'Afriquein anima le courage,
Quand pour passer son equipage gros,
Auec vinaigre & feu brisa les Rocz?
Pour enuahir la terre separee,
Dont la retraite est si mal preparee.
      B 5

Que bien peu vaut, ou rien, au bon soudart,
En ces detroitz vertu de main ou d'art.
Quelz appetiz de victoire implacables
Ont attelé tant de chars & de cables,
Pour y guinder ces canons renforcez
Par haut, par bas, par torrens & fossez?
Au grand Rommein, né à la monarchie,
Dont fut souuent cete bourne franchie.
Coûta bien cher par tems & par hazars,
A donner nom à tant d'autres Cesars.
Oh si n'etoit le grand deul qui m'empesche,
Ie conteroi' plus d'vne perte fraîche
Des deus passans, montrant que l'entredeus
Etoit posé expres pour chacun d'eus.
,, Mais qui rendra les cueurs hauteins dociles
,, A leur repos? les choses difficiles
,, Sont seul obiet du regne pretendu,
,, Qui ne leur est iamais trop cher vendu.
Les Sauoyens, que l'auarice honneste
Iournellement aus trauaus amonneste,
Estans en paix, voyent les estrangers
Alans, venans, aueuglez aus dangers.
Ilz sont chez soi, & pour durer endurent,
Regardans ceus qui pour endurer durent.
,, Bon est le lieu, auquel tel comme on naist,
,, On vit content d'estre cela qu'on est.
Mais quoi? mes vers en ce lieu se lamentent,
Que les malheurs du Siecle les dementent,
Quand le venin des proches regions,
A penetré par ses contagions
Les Mons espais, rompant par sa malice

Bournes

Bournes, rampars, Nature & ſa police:
Rendant les bons malicieus & fins,
Plus que ceuslà qui ſont hors leurs confins.
Et touteſois de peur que ie n'accuſe
Moimeſme à moi, mon œil propre i'abuſe,
En defendant au cueur, d'aiouter foi
A tout cela que ie ſen & ie voi:
Et bien ſouuent en cet erreur ſouhaite
A haute vois, deuenir de Poete,
Le Laboureur qui cultiue le val
Du froid Beſſan, ou bien de Bonneual:
Pour n'auoir point les ennuiz qui me cuiſent,
Ni les auis qui mon eſpoir detruiſent:
Pour auoir paix, & demeurer agré,
Chang'ant de nom, de vie, & de degré.
O fol propos! que penſe ie? & que di ie?
Oh en quel lieu mon eſprit ſe redige!
Quand ie me veu vanger de mon emoi,
Pour meilleurer l'etat d'vn autre moi!
Ce mien ſouhait, & l'obtinſe ie ancores,
Ne ſeroit pas pour cil que ie ſuis ores:
Car moi etant vn autre deuenu,
I'auroi' pour lui mon deſir obtenu.
,, Bien veins deſirs: & bien fol qui deſire,
,, Quand en cent pars ſon cueur romt & deſire:
,, Rien n'eſt plus vein, qu'en cuidant euiter
,, Ce qui deplaiſt, ſoimeſme ſe quiter.
Ceſſe tes pleintz, & à toi te compare,
Et de ton fort toimeſme te rempare:
Pourquoi fuiz tu? ſi tes rong'ans trauaus
Tu as en croupe & par mons & par vaus?

Seroit

Seroit ce pas bien folle fantaisie,
D'auoir ta paix & liberté choisie
Dedans les lieus distraitz, & neantmoins
De tes chagrins les prendre pour témoins?
  Lieus detournez, hauteurs precipiteuses,
Froid païsage, & voies raboteuses,
Là où quant plus l'œil se trouue arresté,
Plus a d'espace, & plus de liberté:
Vangeurs esluz de ma solicitude,
Qui mesme auez trop peu de solitude,
Si ce n'etoit que des lieus separez
Ie vá cherchant tous les plus egarez:
Si parmi vous ancor' n'est la macule
Du sang Ciuil, duquel ie me recule,
Ayant refuge aus asiles sacrez,
Fuiant les lieus poluz & massacrez:
Et toi, Eco, à qui mes vers raisonnent,
De qui les fins distinctement resonnent,
Fidele issue à mes plus iustes criz:
Et toi, dieu Pan, témoin de mes Ecriz:
Vous, Demidieus, & vous, Nimphes compagnes,
Et vous, ô Seurs, habitans ces Montagnes,
Ferez vous point par vos uniz accors,
Quelque Genie amoureus d'vn seul cors,
Lequel rempli de votre faueur, entre
Dedans ce rond, duquel ie tien le centre,
Et dont les traitz loin de moi estenduz,
De toutes pars dedans moi soint renduz?
  Nature grande, vniuerse & commune,
Toute par tout, innumerable & vne,
S'il est ainsi, que de toi i'aye ouuert
          Ce qu'en

Ce qu'en ces Mons etoit clos & couuert,
Si autrefois, quand ie t'ay imploree,
Tu as soufert de moi estre honoree:
Si tu connois que i'aille meilleurant,
Pour le deuoir de ce mien demeurant:
Brief, si ie suis de toi quelque parcelle,
Et d. ton feu quelque viue estincelle,
Estant epoint des aguillons de toi,
Quand ie te sen, ie t'auise & ie t'oi,
Qui as planté en moi selon ma sorte,
Ce qui de moi est possible qui sorte,
Entretien moi de ton mieus, & ton plus,
Si t'en rendrai le conte & le surplus:
Elargi moi, & donne pour reprendre:
Car à la fin que te pourrai ie rendre,
Sinon cela dont tu voudras m'orner,
Pour deuers toy plus entier retourner?
Assure moi aumoins de quelque grace,
Pour tout cela qu'a ton honneur ie trace:
Tant que par toi mon dessein prosperé,
Trouue le but tel que i'ai esperé.

SECOND LIVRE
DE LA SAVOYE,
A TRESILLVSTRE PRIN-
CESSE MARGVERITE DE
France, Duchesse de Sauoye
& de Berry.

I ie vouloi' dire toutes les places,
Tous les detroiz pleins de neigeu-
ses glaces,
Il s'i perdroit la grace & le plai-
sir:
Le tems ailleurs m'appelle, & le desir.
 Entre ces Mons, y git vn lieu d'aisance,
Que i'ai connu tout vn tems en presance:
C'est Maurienne, où entre, à vn get d'arc,
Le trouble Aruan dedans le bruyant Arq:
Vile posee au cueur de la Sauoye,
Et à peu pres au milieu de la voye
De Chamberi, & du celebre Mont,
Qui la depart d'auecques le Piemont:
Meintz ornemens font le lieu digne & noble,
Prez, chams, vergers, & liquoreus vignoble,
Enrayonné par l'entredeus du val,
D'vn clair Soleil, qui au tems estiual
Plus tost se montre, & plus la nuit differe,
Qu'il ne feroit en vn plein hemisphere:

Bien

Bien qu'en hyuer vn peu soit retardé
Par le haut Mont de l'Austre regardé:
Mais aus hauz iours, le frōt des Mons il touche,
Quand il se leue, & puis quand il se couche:
Et pourautant qu'à l'ouuert il les bat,
Soudein au fons la splendeur s'en rabat.
A lar: au tour la Montagne pendante,
Vous y voiez la campagne abondante,
Et en tems deu, beuz, chèures & brebiz,
Se faisans gras des sauoureus herbiz:
Que si du Mont vous est longue la peine,
Vous descendez en la valee pleine,
Vous passagant au long des prez plaisans,
Qui par trois fois se fauchent tous les ans.
La au trauers, & au long se conduisent
Les Ruisseletz, qui du Fleuue s'epuisent:
Dont le clair bruit vous fait si voulontiers
Prendre repos souz les arbres fruitiers:
Où vous cueillez la prune violette,
La pomme douffe, ou la guigne mollette,
Tout en son tems si bien entretenu,
Qu'un fruit failli, l'autre est desia venu.
Par ces Pourpris sont les herbes tendrettes,
Pour mesler les salades aigrettes:
Brief ce solage apporte sans grand coust
Tout ce que veut l'honnesteté du goust.
A l'Artichot il est si profitable,
Et au Melon, friandises de table,
Que celuila de ces iardins Genois
Cederoit bien à l'air Mauriennois.
Puis le Safran, de rougeur iaunissante,

Et de

Et de saueur aus cueurs reiouissante,
Y vient bien tel, qu'vn mont Cilicien
Lui cederoit son renom ancien.
  Or en ce lieu faut que ie dissimule
Le desireus vouloir, qui me stimule:
Et si n'estoit mon plus vrgent proget,
Ie m'ebatroi' en ce ioyeus suget:
Ie chanteroi' de l'eureus iardinage
Le grand plaisir, & l'vtile ménage.
Tout le premier ici seroit nommé
Le Chou feuillu, & ancor' le pommé,
Et la Laitue en sa rondeur serree,
Et pour l'hyuer nostre Endiue enterree:
L'Hysope, & Mente, & le Thin sauoureus:
Roses, Euilletz, propres aus amoureus:
La Marguerite & purpurine, & blanche,
Et du haut Liz la fleur naiue & franche:
Le Baselic, & Spic, dont l'odeur point,
Et le Soussi, dont la fleur ne faut point:
Le Roumarin, la soeue Mariolaine:
Fenoil, Aniz, qui font bonne l'aleine.
Ie n'oubliroi' le doussatre Cherui,
La Pastenade, & l'Asperge auec luy:
I'aiouteroi' les Citrouilles au nombre,
La Courge fade, & l'humide Coucombre.
Puis les Capriers ie rendroi' bien plantez
Au long des Rocz, d'vn long Soleil hantez:
I'apporteroi' en vn pais etrange
L'odorant Myrte, & le pommier d'Orange:
Non les Figuiers, ni les Grenadiers francs,
Malaisement le froid dehors souffrans.

De celle

De celle Plante à Phebus consacree,
Dont la couronne aus Poetes agree,
I'en parleroi, pour l'entretenement
Du dous ombrage: & de meint ornement,
Des pourmenoirs, des treilles entr'ouuertes,
Des triples fleurs de Iossemin couuertes.
De ces beautez ie pourroi deuiser,
Et en leurs lieus & tems les diuiser:
Aus Citoyens i'apprendroi leur plaisance:
Aus Laboureurs, leur domestique aisance:
Mais en ces lieus il faut auoir respect,
Que l'art trop grand à Nature est suspect:
Et sans cela que de tems ie n'ay gueres,
Ia ces Traitez se sont renduz vulgueres,
Si les humeins, de leur bien negligens,
Ne se rendoint, en leur tout, indigens.
Ie chante ici la naïue structure
Des Mons ornez de moyenne culture:
Qui ont ancor' des plaisirs non petiz,
Si la raison guidoit les appetiz.
Le Montagner tout guey s'en va en queste,
A la pistole, ou bien à l'arbaleste,
Et par ces lieus abruptz, sur les hauz iours
Chasse aus Sanglers, aus Chamois, & aus Ours:
Et à meint autre animal, qui s'appiete
Par ces Rochers, chacun selon l'assiere.
L'Ours qui s'en vient par le Rocher voisin,
Pour trouuer proye, ou manger le Reisin:
Le Louceruier, suçant le sang tout sangle
Dedans le parq des Brebiz qu'il etrangle:
Le Chat rousseau, viuant dans le halier,

C

Bien plus cruel que le Chat familier:
Et le Chamoy, à la corne recroche,
Qui de plein saut passe de roche en roche:
Et tout soudein qu'il se voit eschapé,
D'vn haut siflet par luy est l'air frapé:
Comme donnant de cete deliurance
A ses compains vrei sine & assurance.
Mais quand il est trop pressé du chasseur,
S'il voit son homme en serre & lieu mal seur,
Passe entredeus, afin qu'il le deroque,
Tant à s'aider Nature le prouoque,
Et tant hardiz deuienent, de paureus,
Ces animaus, es Rochers faitz pour eus.
,, La raison seule, est celle qui fait creindre,
,, Et des dangers le courage refreindre:
,, L'homme, ouurant l'œil en ces pierreus detroiz,
,, Si perilleus, si ruineus & droiz,
,, A chaque pas croit qu'vne mort y pende:
,, Mais s'il auient qu'aus dangers ses yeus bande,
,, Tout a vn coup à creindre il desapprend,
,, Quand l'appetit pour le conseil il prend.
Or s'il a peur d'aler à la rancontre
De l'animal, qui ces dangers lui montre,
Il a moyen de faire, en s'ebatant,
Quelque butin, qui ne coûte pas tant:
Le Lieure blanc il trouue par les Roches,
Prenant ce teint des neiges qui sont proches:
Et la perdris, Albine, il fait aler
Dans le filet, l'abusant du parler.
La Gelinote, es buissons rancontree,
Et inconnue en l'air d'autre contree:

Qui

Qui a vn goût delicat & exquis,
Passant la chair du Faisan si requis.

 La Marmoteine, vne annee demie
Dedans son creus tout en rond, endormie:
Si qu'à la voir, ni mesme au maniment,
Ne semble auoir vie ni sentiment.
Est-ce par tour, que cete pecorette
Se fait treiner, en guise de charrette,
A la renuerse, es bras portant le foin
Dans le terrier, pour le commun besoin?
L'autre tandis, qui fait la sentinelle,
Est-ce que plus d'astuce soit en elle,
Qu'en sa compagne? etant pour agueter,
Et d'vn siflet la troupe amonnester?
Puis quand le tems eschet, qu'elle s'yuerne,
Elle vous fait, par dedans sa cauerne
Vn faus chemin, dont le chasseur seduit,
Faille celuy qui au gite conduit.
O prouidence! vne beste estant nee,
Pour se mourir la moitié de l'annee,
Montrer ainsi, par vn instinct secret,
Façon de viure à l'animal discret!
,, Nature donne vn chois & certein ordre,
,, Par vn chemin, qu'elle ne laisse tordre:
,, Mais trop d'auis, à l'homme soucieus,
,, Trouble à tous coups ses faitz negocieus.

 Quand le Soleil, de la pointe estiuale
Plus loin de nous peu à peu redeuale,
Et que des Mons, par ses raiz chaleureus,
Sont les herbiz tous druz & plantureus,
Lors le Berger ses vaches accompagne,

C 2

Pour les mener au haut de la Montagne:
Où il se tient, tout ce tems estiual,
Pres son bestail, sans retourner aual:
Iusques à tant que de la Vierge Astree
L'Astre doré ait ia passé l'entree:
Et que les Vens d'Automne dessechans,
Ayent flestri la verdure des chams.
Là sus il prend peine continuelle,
Pour satifaire à sa charge annuelle:
En departant par vn iournel detail,
Les trois profitz qu'il tire du bestail:
Desquelz celuy de la cremeuse gresse,
Et cil ancor' qu'en la fresselle il presse,
Par toute terre, à tout le genre humein
Traitant bestail, sont communs & à mein.
Bons, ou meilleurs, ainsi qu'est la pâture,
Et sont par tout de semblable facture:
Fors que souuent le fourmage mollet
Ilz font plus gras, sans ebeurrer le lait.
Mais le tiers gaing, qu'en Sauoye ilz en tirent,
Est le Serat, que du Latin ilz dirent:
Au païsan de grande vtilité,
De peu de coût, & grand' facilité.
Ilz font tramper la racine d'Ortie
En la liqueur du fourmage sortie,
Qu'on dit lait clair, dont leur Aisi se fait,
Nom du Latin, acide, contrefait.
Puis au chaudron, où boult d'autre lait maigre
Auec lait franc, ilz getent de cet aigre
Ce qu'il en faut. Ces trois mistionnez,
Font le Serat, bien proportionnez,

        Second

Second fourmage, & de grosse sustance,
Des poüres gens ordinaire pitance.
Les Montagners, ainsi ont vsité
Ce qui conuient à leur necessité.

 Quant quelques fois les Ienices en nombre,
Gisent par là, souz l'air de la nuit sombre,
Sans rien douter, auient que l'Ours arpu
Par lieus abrutz sort de son creus, mal pu,
Sur le troupeau: mais les masles qui veillent,
Tous deus d'accord au combat s'appareillent:
Et chacun d'eus, d'ire & d'amour armé,
Attend venir le Sauuage affamé.
L'Ours sur les piez de derriere s'appreste,
Et du Toreau veut arraper la teste,
De ses deus braz, luy le col gauchissant,
Et contrebas la teste flechissant,
La corne en sus de grand' force rehausse,
Et la cuirace à l'Ours velu il fausse:
Qui tout rageus de se sentir blessé,
Sur le Toreau soudein s'est redressé:
Et le serrant de l'vne & l'autre pate,
Bien peu s'en faut qu'en terre ne l'abbate:
Mais le Compaing vironnant alantour,
Offense l'Ours d'aler & de retour:
Qui par l'obscur grince, escume, & rechigne:
En s'euadant, & la terre egratigne:
Et en arriere il pousse les cartiers
Des gros caillouz, trouuez par les sentiers.

 Durant ce choc, les femelles creintiues,
Tout à recoy ont esté attentiues:
Dont l'auantage ont eu, mais non pas franc,

C 3

Les deus mariz: l'vn est atteint au flanc:
L'autre de l'arpe au col porte l'enseigne:
L'vn à l'oreille, & l'autre au mufle seigne:
Mais tous deus ont aus cornes amassé
Le poil sanglant de l'ennemi chassé.
Que si la nuit & l'auantage otroye,
Que la Ienice il aquiere pour proye,
Le corps meurdri de force embrassera,
Et par les Rocz entier le passera,
Sans aide aucun: non comme en la campagne,
Le Lou questeur, d'autre Lou s'accompagne,
Quand pour du fais l'un l'autre supporter,
Le plus frais prend la brebiz à porter.

 Qui penseroit qu'vn Ours, lourd & sauuage,
Fust si friand du meilleus ouurage?
Et qu'en vn corps de si laid maniment,
Fust si exquis & agu sentiment?
Lui soit la grape à l'abandon permise,
Qui est au gré des sens, & à l'air mise:
Mais le Miel clos, & si pres de l'hostel,
Comment est il senti d'vn museau tel?
Auec la pate il abat & desire
La Rusche pleine, & les coutaus de cire:
Et engloutit vn tant celeste don,
Du Laboureur le plus noble guerdon.
Et toutefois c'est la garde peu caute
Du ménager, à qui s'en doit la faute:
Qui des grans biens du peuple industrieus,
Doit par sus tout se montrer curieus.
Oh que ie n'ay le tems tel que l'enuie,
D'en dire ici l'artifice & la vie!

           Mais

Mais si vn iour des Muses m'est permis,
Ie reprendrai ce labeur intermis.
   Disons ici les Arbres, que Nature
Produit es Mons, d'eminente stature,
Droitz, odorans, larmoyeus, & gommez.
Telz ,ont les Pins, beauz, rameus, & pommez,
Et les Sapins, les Melezes, & Peces,
D'vsage grand, tous selon leurs especes.
L'vn a sa gomme entre l'ecorce & bois,
L'autre contient en sa Torche la pois,
Bois qui de flamme epris, la nuit eclaire:
Nais le Meleze, a vne liqueur claire,
Qui se reçoit sur le moieu des Iumeaus,
Qu'on dit Bijon: de bois & de rameaus
Semblable au Pece: exquis pour l'artifice
Du Charpentier, dressant son edifice.
Celui Bijon, en Medecine a pris
De Termentine & l'vsage & le pris.
Mais l'homme est bien d'ignorante pratique,
Qui va chercher la mer Adriatique,
Pour en r'auoir ce qui a esté sien,
Le rachetant de sa peine & son bien.
Ce qui est deu, par vn droit legitime,
Aus Mons d'ici, la Vile maritime
En prend l'honneur: & pour tel le reuend,
Que s'il etoit apporté du Leuant.
Au mesme tronc surcroit le Bouley pâle,
Fraile & leger, tant femelle que mâle:
Bon à purger des articles & neuz,
Du chef, des nerfz, l'humeur qui est en eus.
   L'vsage bon de ce Bijon liquide,

C 4

Deuers le Lac dit d'Anecy me guide,
Pour dire ancor' vne Eau auec son lut,
Qui souuent porte au malades salut.
Vne Roche est au Midi opposee,
Pres de ce Lac,dessus Veiri,posee:
Qui a deus crotz l'vn sur l'autre,voûtez,
Tous deus ouuers,dedans mal rabotez:
Et du dessouz l'entree est rude & basse,
Où vn à vn,en se courbant on passe.
Le iour pourtant,qui entre es deus manoirs,
Fait qu'ilz ne sont ni sombres,ni trop noirs.
Au haut de nuit,les Bisetz se vont rendre,
Pour se iucher:où ilz les vont surprendre
Auec le feu,& là sont arrestez
Dedans les retz à l'issue apprestez.
Par le dehors,on monte en cete voûte,
Dont le grauir vne grand' peine coûte,
Haut,âpre & droit,si bien le sait comter
Cil qui a eu la peine d'i monter:
Où peu à peu iusqu'au haut on eschape,
Par les rinceaus souples,où lon s'arrape.
En cete voûte,est vn creus ecarté,
Où se conduire on ne peut sans clairté:
Là est cete Eau,qui bien semble auoir source,
Mais retenue en sa cuue sans course:
Où elle croist & decroist par les fois,
Ainsi que fait la Lune tous les mois.
Les païsans,qui bien souuent en boiuent,
Du mal des flancs alleg'ance en reçoiuent.
Cete Eau est claire,& pesante pourtant,
Et la senteur de la terre portant,

       Terre

Terre en moiteur par elle meintenue,
Grasse, ardrilleuse, & de couleur charnue:
Qui tient beaucoup du lut Armenien,
Et de celuy que lon dit Lemnien.
Ceus di Vilage, entre autres maladies,
En frat breuuage aus bestes refroidies.
Si leurs Beuz ont au flanc quelque os rompu,
Ou deloyé, apres qu'ilz en ont bu
Par quelques fois, la fracture se serre:
Et qui plus est, se trouue cete terre
Aus Beuz occis (si vrei en est le bruit)
Lice autour de l'os qu'ell' a reduit.
 Ce que i'ai dit des Montagnes, ameine
Ioye & profit à cete vie humeine.
,, Mais le bon eur de l'homme, & special
,, A sa nature, est d'estre social:
,, C'est l'homme seul, qui rend le lieu spectable,
,, Non pas le lieu, qui rend l'homme acceptable:
,, Et la vertu, iointe à l'humanité,
,, Donne aus païs toute leur dignité.
Tu es en paix, Sauoye, & as des hommes:
A quoi tient il qu'eureuse ne te nommes?
D'vn eur content tu te peuz bien vanter,
Si tu te saiz de tes biens contenter,
Et si tu veuz telz qu'ilz sont, les connoitre:
,, L'eur n'est pas bon, qui trop se fait paroitre.
En lieus diuers tu as de bons espriz,
Dont Maurienne a bien sa part au pris,
Tant qu'auec soy vn Lambert elle garde,
Qui d'œil veillant dessus elle regarde:
Par son sauoir, sa prudence & bonté.

Digne du lieu,auquel il est monté.
 Et Batendier,de suffisance egale
En Poesie & science legale,
Fait de ses Droitz Maurienne iouir,
Et ses beauz vers par tout le Monde ouir.
Son Lancessey,basti ioignant la Vile,
Et Armillon,qui en est loin d'vn mile,
Pres des Rochers,demontrent bien à part,
L'euure diuers de la Nature à l'Art.
Quand bien ie voy son estat domestique,
Le comparant auec le fait rustique,
Ie di de luy (ainsi soint vreiz mes chans)
Qu'il est eureus à la Vile & aus chams.
Et toi,Bibal,qui laissas de bonne heure
Ton Languedoc,pour faire ici demeure,
As eprouué qu'vn païs montueus
Est bien ancor' païs des Vertueus.
Rapin,Courier,que vit naitre Valoire,
Reçoit & donne à Maurienne gloire:
Il sait les Mons,& leurs conditions,
Les honorant par ses commissions.
 A bien bon droit ma Muse se remembre
Du val plaisant de Cuyne,pres la Chambre:
Que l'Arq abbreuue,& là pres est connu
L'oiseau de proye,au front laid & cornu.
Assez m'a plu ce beau lieu & fertile,
Mais ancor' plus cete face gentile
De Violand,dont mon œil fut raui,
Voire mon cueur,tandis que ie la vi.
Ni plus ni moins qu'vn cheual de seruice,
Entretenu au meilleur exercice,
         Alors

Alors qu'il voit la Pouleine qui paît
Au pré connu, l'herbe qui mieus lui plaît,
N'ayant prouué l'amoureuse estincelle,
Farrouche au frein, & farrouche à la selle:
Et lui ne montre autres signes, témoins
Du fat passant, & ell' ancores moins.
 Raison ne veut, Moutier, que ie te taise,
Qui eclairciz toute la Tarantaise,
Comme le lieu du païs, principal,
Dont tu es siege Archiepiscopal:
Le Fleuue issant du Mont Isere, passe
Par le milieu de ton assiete basse:
Tes beauz logis, tes honnestes façons,
Ne sentent rien leurs Rocz, ni leurs glaçons.
 Et toi, qui tiens du Sel le nom antique,
Dont tu as eu longuement la prattique,
Les demeurans des fourneaus & cuuiers,
Témoignent bien l'art de tes vieus ouuriers:
Et les noueaus, pour leur belle entreprise,
Bien dignes sont que beaucoup on les prise:
Par qui sera en Sauoye remis
Ce grand profit, si long tems intermis.
C'est vn grand eur, de trouuer à sa porte
Ce que de loin à grans fraiz on apporte.
Quel don plus grand se dëura reputer,
Qu'à son besoin rien d'autrui n'emprunter?
 Bien est des Eaus merueilleuse l'alure:
Celle de Mer, laisse toute salure,
En s'ecoulant par le sable terreus:
Mais ceteci, iusqu'en ces lieus pierreus
Porte son sel: car qu'elle puisse aquerre

Tele

Tele saueur,en passant,de la terre,
Ie ne le croi,ains la Mer se transmet
En tel canal,qui salee l'admet
Pardessouz terre : & puis la distribue
Aus lieus lointeins par quelque veine imbue.
Et telle fois le fons est si puissant,
Qu'vn Roc de sel massif en est issant.
   Ancor' se voit la fonteine salee,
En Eschalon,sur l'Arq,franche vallee:
Qui de Salins sa source doit tenir,
Et souz les Rocz iusqu'en ce lieu venir.
Là les Brebiz,qui la salure sentent,
Pour la sucer bien souuent se presentent:
Mais l'Arq,qui pend tousiours sur ce costé,
A le signal du sel tout presqu' osté:
   De Chamberi,le chef de la Prouince,
Ce ne seroit raison que ie preuinse
Le bien disant Butet,qui en n'aquit,
A qui en touche & l'honneur & l'aquit.
Mais ie lou'rai le Comte,qui commande
Dessouz son Duc,comme son lieu demande:
L'aiant Vertu au chemin enseigné,
Et pas à pas Fortune accompagné.
Et Deseissel, qui de sagesse & grace,
Orne & meintient sa noblesse de ra ,
Donra autant à mes vers de bon eur,
Comme ilz lui sont de deuoir & d'honneur.
Et Chatelart,le docte politique,
Me fait recors de l'amitié antique,
Lors que de soi par etude il prouuoit
Ce qu'à present par vrei effet on voit.

                                        Et Du

DE LA SAVOYE.

Et Ducoudrei, dont l'eloquence franche
Dans le Senat honore la Salanche,
Merite vn los ancor' sur celui là,
Pour la faueur que des Muses il a.
   De la Cité sur le grand Lac assise,
Qui tient la cause en armes indecise,
J'ame trop mieus, puis qu'assez ie ne peu,
N'en dire rien, que d'en dire trop peu.
   Et d'Anecy, qui m'a esté nommee,
Pour y auoir dames de renommee,
L'honneur par moi à mon Valence soit,
Qui sur le lieu la faueur en reçoit.
   Au droit d'Eton, où Isere plus forte,
De l'Arq bruitif l'eau & le nom emporte,
Se voit le mont de l'Arcluse eminent,
Témoin de l'air, & du tems imminent,
Selon qu'il est emmantelé de Nues:
Là sont Coutaux de vignes continues,
En Miolan, beau val & fructueus,
Où est le lieu de Lambert vertueus,
Prochein d'honneur, de sauoir & de grace
Au prenommé, ainsi comme de race:
Dont Piochet, parent d'autre surnom,
D'vn pas egal va suiuant le renom.
   Dirons nous rien des Bergeres, qui chantent
De leurs amours, que les foretz rechantent?
Mais pourquoi non? il conuient en ces lieus
Paitre l'oreille aussi bien que les yeus:
Car tout de mesme est la vuë eiouie
De ces Rochers, & de ces chans l'ouye.
N'i cherchez pas ces accors composez,

                           Ces demy

Ces demytons,ni ces comtes pausez:
Ce sont chansons pleines & pastorales,
Ce sont des vois fortes & pectorales:
Motz tous exquis,& de Parisien,
Tout frais tournez en bon Sauoisien.
Quel plaisir c'est,passant par la Bourgade,
Quand vous vient voir des garses la brigade,
Au mois d'Auril,les corps au busq,& ceintz
Par souz l'aisselle,ainsi que ces vieux Seinz:
Desqueles l'vne,en leur ranc les ordonne,
Chante premiere,& sur le lourd fredonne,
S'assurant bien,que pour son beau chanter,
Vous leur donrez de quoy le Mei planter.

 Ainsi Sauoye est eureuse par elle,
En son asiete & force naturelle:
Eureuse ell'est,pour les diuers espriz,
Qui dedans elle ont origine pris.
Et qui lui sont,par pieteus office,
Recognoissans ce premier benefice:
Eureuse ell'est du Prince qui la tient,
Et en seurté paisible l'entretient:
Et croi ancor' qu'entre tous ces merites,
Moi qui lui ay ses louanges ecrittes,
Ne lui ay fait de tous le moins d'honneur,
Gratifiant le tems de son bon eur.

 Donques,Prouince,ornee de simplesse,
Sans enuier la pompeuse noblesse
De tes voisins,qui es,par don expres,
Si loin des maus,desquelz tu es si pres,
En cet etat pendant tu pourras viure,
Que tu seras d'ambition deliure,

Que tu

Que tu pourras en toi te contenir,
Par le passé mesurant l'auenir.
Ce beau Royaume, opulent, grand, & large,
De sa grandeur n'a pu porter la charge:
Et n'ayant plus d'ennemis assez fors,
Contre soi mesme a tourné ses effors.
    Que nul pourtant n'attende que i'atteigne
Ce qu'exposer ie ne peu, ni ne deigne:
,, Ains ie me tai: car qui peut s'opposer
,, A celuyla qui sait tout disposer?
,, Qui choisira ce qui est profitable?
,, Ou qui fuira ce qui est euitable?
,, Puis que la paix les discors fait nourrir,
,, Et les guerriers la guerre fait mourir?
,, Arrestons nous aus causes qui apperent,
,, Ce tems pendant que les hautes operent.
,, L'homme ne peut faire qu'humeinement,
,, Et Dieu tousiours fait tout diuinement.
    Que s'il y a ancor' quelquun, qui fuye
Cet air François, où toute chose ennuye,
Où est le sang sur le sang animé,
Où est l'ami sur l'autre enuenimé:
Dont cellela, pour laquele on manie
Le fer tranchant, est iapieça bannie,
Là où les bons n'ont rien qui soit du leur,
Que l'etranger n'emporte, ou le voleur,
Viene en ce lieu que i'ay voulu protrere,
S'il sait regler l'aise par son contrere:
,, Car qui ne sait l'assez du peu choisir,
,, En lieu du Monde il n'aura son plaisir.
  Il iouira de liberté paisible,

Tant

Tant qu'en permet ce tems dur & nuisible,
Et tant que fait, selon l'humein pouuoir,
Vn sage Prince auiser & pouruoir.
Mais qu'a besoin Nature d'eloquence?
Il y verra solitude & frequence,
Rudesse & art: sauoir, rusticité,
Tout faire vn beau, par la diuersité.

Que s'il auient, que ce simple edifice
Soit a son gré de trop peu d'artifice,
Il est au lieu, pour trop ne se fascher,
Et a moyen de plus outre marcher.
Passe le Mont, qui Sauoye discerne
D'auec Piemont, qu'vn mesme Duc gouuerne,
Large sommet, neige, orages, glaçons:
Mons des deus flancs, Lac froid, & sans poissons:
La poste assise, aus Vens tauerne ouuerte:
Puis la Ferriere au dela, plus couuerte,
Au val pendant, virant, & plein de croiz,
Où le Torrent du Lac bruit par les Rocz.

Par ces haut lieus souuent a fait passage
Le Dieu Mercure, en faisant son message,
Voyant ce Mont, entre autres, qui reuient
A celuila où son Ayeul se tient.
Atlas n'est point plus ardu en son feste,
Plus de Sapins ne lui couurent la teste:
Son grand partour n'est pas mieus de tous flancs
Batu de pluye, & d'orages souflans:
Sa face n'est de Nues plus noircie,
Ni de verglas sa barbe plus gersie:
Dessus le dos plus de neige n'a pas,
Plus de Torrens ne lui courent abas.

La haut

DE LA SAVOYE.

Là haut pourtant la sublime Alouette
S e guinde en l'air, y crie & pirouette:
Et si n'a lieu, ce semble, iour ny soir,
Que sur la Neige, où el' se puisse assoir.
Là les Marrons, quand les Neiges tout couurent,
Vous , ont guidant, par le chemin qu'ilz ouurent.
Puis quand faudra pardeça repasser,
Le long du val vous viendront ramacer.
 Voila le Mont, demi iour de malaise,
Iusqu'a trouuer la basse Nonualaise:
Puis d'or en là, autre langue & humeurs,
Et vn Turin de plus polies meurs:
Où est le Pau, qui la campagne laue,
Et le Senat d'vne dignité graue:
Là en public les Sciences on lit,
Le Prince là, sa residence elit,
Et la splendeur d'vne Princesse, illustre,
A tout cela aioute plus grand lustre:
Dont la bonté les bons espriz semond
D'aler trouuer leur repos en Piemont.
François passant, s'autrefois tu l'as vue,
Arreste toi, pour plus digne reuue:
Voire & combien que l'aies vue, ou non,
Va de tes yeus obeïr au renom.
Si tu l'as vue autrefois, c'est l'Aurore,
Qu'autant de fois qu'on la voit, on l'honore:
Si tu la vois orprimes, c'est le fruit
Du long desir, qui surmonte le bruit.
 Que si plus loin autre desir te pousse,
Comme de voir la couuoitise est dousse,
Bien, passe donq: mais porte tous tes sens,

D

Pour t'assurer au lieu où tu descens.
Sur toute chose en ta memoire attache
Le ferme cueur de ce Prince d'Ithache:
Voi les façons, & les diuersitez
D'hommes viuans, & païs, & citez:
Milan peuplee, & de trafique grande,
Et le Chateau fameus qui lui commande:
Et la Cité, dont les Veniciens
Se font nommer, ses Signeurs anciens:
Va voir ancor' la Toscane Florence,
Belle de nom, d'etat & d'apparence:
Vrbin petite, ample pour la grandeur
D'vn Prince plein d'honorable splendeur.
N'oublie à voir les reliques de Romme,
Si connoitras pourquoi Seinte on la nomme:
Naples gentile, ornee en Citadins,
Air chaleureus, delices de iardins:
Et par chemin tant de Viles insignes,
Dont ie ne di ni les noms ni les signes,
Soit sur le Pau, ou soit sur le Tesin,
Ou en païs plus lointein ou voisin:
Dont les Signeurs tretous se fortifient
L'vn contre l'autre, & en nul ne se fient.
,, *Maudit soupson, qui nous oste des meins*
,, *Ce beau lien, qui seul nous fait humeins.*
Lors ayant fait par regions diuerses,
A ton loisir tes courses & trauerses,
Te reste à voir les superbes façons
De Genes braue, & la Mer sans poissons.
   Mais en alant, selon ton entreprise,
Par meinz endroiz où la vertu se prise,

                                     Si aur

DE LA SAVOYE.

Si auras tu mil obgetz alechans,
Le droit chemin de l'honneur empeschans:
Tu trouueras la braue Courtisane,
Qui des enfance est formee artizane
De beau meintien, d'œil orgueilleus & dous,
Pour sembler estre à vn, & estre à tous:
De beau parler, de pensee rebourse:
Aimant l'ami pour l'amour de la bourse:
Auecques l'age apprise à moins cherir,
Vendre les iours, pour les nuiz rencherir.
Ici sera ta venue nouuelle
Prise au filet, si tu n'es en ceruelle.
,, Sois vn Vlisse, en ces endroiz, viuant:
,, Non comme l'vn de son troupeau suiuant.
    Autant ou plus te garde des Tricherres,
Que Mariolz ilz disent par les terres,
Qui auec toi se venans embarquer,
Ou au logis apposté se parquer,
D'vn tel barat tous tes deniers atrapent,
Que les plus fins à grand' peine en echapent.
Quant est du fait des tirans tauerniers,
Hostes sans foi, du change de deniers
De lieu en lieu, des peages & daces,
Qui sont es pors, es portes, & es places,
Et brief, par tout: le remede à cela,
C'est patience, il faut passer par là.
    Va meintenant, auerti de bonne heure,
Possible auras la rencontre meilleure
Que ie ne pense, & que ie net'ai dit:
Que plust à Dieu que i'vsse mal predit:
Lui plust ancor' que les meurs recitees

D 2

Ne fussent point en la France vsitees,
Et que les tours des premiers inuentez,
Ne fussent point des derniers augmentez:
Car en ce lieu de sanglante discorde,
Y a il mal auquel on ne s'accorde?
Et au milieu de tele impieté,
Y a il bien qui y soit respecté?
Tu as deus fois, ô France desolee,
Traité la Paix, & deus fois violee:
Donques voulant & les corps & les cueurs
Rendre du tout ou veincuz, ou veinqueurs,
Ta propre force à ta force ennemie,
Te laissera en fin moins que demie,
Ce semble, afin qu'vne autre inimitié
Plus aisément detruise ta moitié.

  Huit ans entiers des grans troubles Galliques,
L'an que le Monde en tumultes belliques
Tout s'emouuoit, quand le froit hibernal
Passoit de loin l'Equinocce vernal,
Chantoit ses vers, Peletier, en malaise,
Se reuanchant de la saison mauuaise,
A contempler le Naturel decours,
Les faitz diuins, & les humeins discours.

  La Liure auoit Saturne au lieu vintiéme,
Et l'Eschanson, Iuppiter au neuuiéme:
Le Dieu guerrier les vintehuit tenoit
Dans le Lion, & arriere venoit:
La Ciprienne auoit pris pour sa place,
En ses Poissons le quatorziéme espace:
Dans le Mouton, des Dieus le messager
Au dixhuitiéme etoit lors passager:

En son

En son Toreau eleuee la Lune,
Auoit atteint l'assiete vintevne,
Quand mon Soleil auoit fait par ses cours,
En son Mouton cinquante & deus retours.

TIERS LIVRE
DE LA SAVOYE,
A TRESILLVSTRE PRINCESSE MARGVERITE DE France, Duchesse de Sauoye & de Berry.

'AN qui fut tel, de nouueau fit refaire
La paix Françoise, où tant y a d'afaire:
Que plût au Ciel fermement meintenir
Ce tiers repos qu'il a fait reuenir:
Et qu'vn fier Mars, qui Stilbon fin regarde,
(Stilbon, qui peu les bonnes choses garde)
Pût asseurer auec loyaus accors
Les cueurs felons, qui commandent aus corps.
Puisse ce Mars aus inhumeins Tartares
Traiter sa guerre, ou aus Mores barbares,
Ou à Neptune enuoier ses combaz,
Soit en la Mer, ou d'enhaut, ou d'enbas:

D 3

Là où s'etans rendues les armees,
Du Dieu bifront soint les portes fermees:
Et notre France ayant ses couz ruez,
Voye au plus loin les orages muez.
　　Si vous pouuez d'une si grand' victoire,
Signeurs d'Adrie, entretenir la gloire,
Bien vous pourront ceus de deça la Mer,
De leur repos pour auteurs reclamer:
Mais n'estant l'eur pareil en Mer & terre,
Preparez vous aus nouueaus faiz de guerre,
Lors que viendra l'animal veneneus
Auec Phenon prendre ce Dieu heineus.
Mais si les feuz tant de païs atteignent
Et pres & loin, sans que point ilz s'eteignent,
Et sans qu'au Monde il y ait region,
Qui n'ait sa part de la contagion:
Quelque grand' cause en l'Vniuers se cele,
Entretenant l'emute vniuerselle,
Afin d'en faire vniuersel accord,
Duquel demeure vn eternel record:
Alors qu'etans les effors à la cime,
Et se faisant Conionction Maxime
Des deus plus hauz, dans le chef des Maisons,
Se referont les loix, meurs & saisons.
Desia voit on que les Cieus, qui cheminent
Leur cours reglé, dressent & determinent
Les faiz futurs par meinz preparatiz,
De changement tous significatiz.
Et ce pendant les hommes se tourmentent,
Et en leurs faiz eus mesmes se dementent:
Ilz ont la paix, & leur intention

Nourrit touſiours plus grand' diſſenſion.
Ainſi le cours de noz triſtes annees,
En l'iniuſtice humeine condannees,
Nous fait pleurer: tandis qu'en ſoupirant,
Soit guerre ou paix, tout va en empirant:
Et le dur tems augmentant la merueille,
Malheurs nouueaux de iour en iour reueille,
Plus grans que ceus, qui ſi grans ſe trouuoint,
Qu'a tous auis, plus croître ne pouuoint.
O bien eureus, qui ſagement meſure
De cete paix la duree & l'uſure!
Voiant le tems aus dangers s'elargir,
Et les malheurs l'un l'autre preſagir.
Et n'eſt diſgrace ancores auenue,
Qui n'ait eté d'un ſigne preuenue,
Si auiſé fût l'eſperit humein,
Ou, mieus, s'il pût fuir de Dieu la main.
Tel fut premier cet orageus eclandre,
Qu'on vit au lac de Nantua s'epandre:
Qui ſi hideus un tems par l'air venta,
Que tout autour la terre epouuenta,
Signifiant le deſaſtre en partie,
Du Lac voiſin, par quelque ſimpatie,
Et que l'accord ſecondement traité,
Dedans les cueurs etoit mal arreſté.
Montrant ancor' par ſa grand' vehemence,
Du Ciel troublé la future inclemence,
Il demembra par ſes fors tourbillons,
Des hautes Tours les toiz & pauillons,
Et pour trophee & ſigne de victoire,
Il les planta en autre territoire.

D 4

Vn autre orage en l'air trouble & epais
Droit sur le tems de cete tierce Paix,
Fut aus confins de Sauoye & de Bresse,
Pareil d'horreur, & d'effrayable apresse.
Qui penetrant par la riuiere d'Ein,
Es lieus voisins exploita son dedein:
Par les foretz, les Sapins hauz & fermes,
Les Chesnes vieus, les Noyers & les Chermes,
Furent brisez, arrachez, renuersez,
Ou parmi l'air tous entiers trauersez.
En mesme instant, cete tempeste outree,
Au beau milieu de tant d'arbres entree,
Les vns d'iceus, racine & tout, froissoit,
Et les procheins sans offense laissoit.
O grand effort, & puissamment nuisible,
D'vn air esmu, aus yeus presqu' inuisible!
O grand' concorde en contrarieté,
Et si vnie en sa varieté!
Ie di de vous, ô Vens, pleins de presages,
Qui du fort Tems anoncez les messages:
Detournez vous, ô sinistres, ailleurs,
Pour faire place aus messagers meilleurs.
Sauoye aumoins, ma demeure presente,
Des plus grans maus a bien eté exemte:
Et n'a senti que le moins grief des trois,
Peu longuement, & en bien peu d'endroiz:
Bien qu'au païs où ell'se contermine,
S'aille fourrant l'implacable famine.
Auise bien, Sauoye, ouure les yeus,
Combien tu es fauorie des Cieus:
Pren à bon point, que les Destins propices

T'ont

T'ont mise à part de tous mauuais auspices:
Et ceus qui sont en tes Mons apparuz,
Sans te toucher,tes voisins ont feruz.
 En nul Empire,ou Regne,on ne vit onques,
Ni en pleins lieus d'Hemispheres quelconques,
Tant d'accidens & signes monstrueus,
Qu'lz s'en sont vuz es detroiz Montueus:
Comme si telz en ces hauz lieus se fissent,
Afin que mieus & de plus loin se vissent:
Et que des Mons les eschafaus hauteins
Fussent Theatre aus spectateurs lointeins.
 Le Soleil fut en l'Archer,au neuuiéme,
Et fut la Lune en la Vierge,au seziéme:
Phenon, l'entree au Scorpion tenant,
Et Iuppiter les douze pars prenant
De l'Eschanson:le Dieu qui fait combatre,
Les sept du Bouc:Venus,les vintequatre:
Et commençoit en arriere marcher
Mercure,ayant les treze de l'Archer,
Lors que le Ciel,se couurant de ses Nues,
Se deborda en pluyes continues:
Et que des Mons les hauz sommetz pointuz,
De leurs blancheurs furent tous deuetuz:
La grand' lenteur de l'air les faisant fondre:
Et se venant tout ensemble confondre
Cete eau du Ciel,les rompoit par morceaus,
Et tout aual les portoit à monceaus.
Dont telement les terres en soufrirent,
Que par dessouz nouueaus conduiz s'ouurirent,
Par où les eaus à la foule venoint,
Qui ça & là cours deuoiez tenoint.
      D 5

Deuers Paumiers, vne eau pardeſſouz terre,
Minant le fons, afondra vn parterre,
Maiſons, courtilz, & arbres enterra,
Et en abime enorme les ſerra.
 Les Fleuues lors la force mepriſerent
De l'art humein, & leurs hauz pons briſerent:
L'Arue bruyant, les trois ſiens abbatit,
Et de roideur le Róne combatit,
Tant qu'il le fit par victoire contraire
Et inaudite, encontremont retraire:
Dont les Moulins, forcez de ce retour,
Firent virer leur rouë à contretour.
Le Róne ondeus, ſur le pas de la Cluſe,
Fit choir le Roc, & s'en fit vne Ecluſe:
Quand ſon paſſage à ſoimeſme il s'oſta,
Et contremont par les chams reflota:
Dont les voiſins, pour creinte du deluge,
Eurent au haut des Rochers leur refuge:
Et au deſſouz fut le peuple etonné,
Par où le cours du Fleuue etoit tourné.
Donq' s'eſt il vu, par deus proches epreuues,
Ce qu'on tenoit impoſſible des Fleuues:
Non qu'il ſe puiſſe à la Nature offrir
Choſe qu'el' ſoit contreinte de ſouffrir:
Mais les humeins n'eſtiment rien faiſible,
Que ce qui eſt ordinaire & viſible.
Croions au moins, qu'vn rare ſigne, fait
Iuſte argument de quelque rare effet:
Et que Nature en vn inſtant ameine
Ce que iamais n'a fait la force humeine.
 Or à la fin, ces ondes, qui n'ont pu

Souf

Soufrir arreſt, leur obſtacle on rompu:
Dont le debort, impiteus & enorme,
Perdant de Fleuue & de cours toute forme,
Mit en effray les Vilages & Bours,
N'ayant au loin leurs terres & labours.
   Ainſi s'en vint l'epouuentable Róne
A la Cité où conflue la Sóne.
Qui le repos des habitans ſurprint,
Et ſi acoup tant de païs comprint,
Que la fureur à la Cluſe arreſtee,
Sembloit qu'expres eút eté appreſtee,
Pour apporter le ſpectacle à Lyon
Du grand debort que vit Deucalion.
Chacun fuyant des rues les riuieres,
Gagnoit le haut de la Cóte où Fouruieres:
Pitié par tout: & vouloir ſecourir,
N'eſtoit ſinon ſe háter de mourir.
La fureur croît, les maiſons ſe font pleines:
Tout n'eſt qu'vn Róne au large par les pleines:
Mais ancor' plus par le Fausbourg voiſin,
Des grans marchez reſort & magazin,
Furent rauiz de ces ondes hideuſes,
Peres, enfans, & les meres piteuſes.
Qui ſur les ais des planchers abouché,
Qui ſur le dos d'vne poútre affourché:
Qui empongnoit vn arbre en quelque ſorte,
Mais l'arbre & tout, l'eau furieuſe emporte.
Deus fois ſouz Mer le Soleil deſcendit,
Deus autres fois le iour il leur rendit,
Pendant que tout etoit par tout à nage,
Hommes, bétail, & maiſons & ménage.

Et ſur

Et sur la fin, les bouuiers, & les beuz,
Tous effondrez dans les marais bourbeus.
Et ne restoit des Vilages & granges,
Que les monceaus entassez dans les fanges:
Des prez herbuz, & des beauz chams à blé,
N'apparoissoit qu'un terrage assablé.
    Desordre grand, & saison importune,
Qui fit enfler les sources de Neptune,
Et les força de quiter leur giron,
Pour trouuer place es terres d'enuiron.
En la grand' Mer les ondes eleuees,
Des Holandois nayerent les leuees,
Et tant de Bours, qui onq n'ussent douté
Que l'Ocean si outre fût monté.
Terres iadis en isles redigees,
Furent souz Mer tout à coup submergees:
Beuz tant de mil, dessouz les toiz enclos,
Furent soudein engloutiz des grans flotz.
    La Terre alors, masse pesante & dure,
Qui le deschet des autres trois endure,
Encontre l'Air, qui si fort la greua
De Vens & d'Eaus, s'emut & s'eleua:
La grand' Cité, qui Venise cotoye,
Et qu'un des bras du double Pau ondoye,
Sentit l'horrible & hideus tremblement,
Qui l'ebranla continuellement,
Et si long tems, que la tourbe Ciuile
Cuida iamais n'auoir forme de Vile:
Les fondemens sans cesse etoint secous,
Dont les paroiz s'entreheurtoint de couz:
Les Temples hauz, en grand nombre tomberent,
                        Et souz

Et souz leur fais les Palais succomberent,
Ou fussent ceus des grans de la Cité,
Ou fût celui de leur Prince habité.
 De ces fureurs il en fut ancor' vne,
Quand au Toreau fut nouuelle la Lune,
Le lieu dernier Saturne reprenant
Dedans la Liure, & arriere venant,
Quand de nouueau, Arue, ce mutin Fleuue,
Rompit ses pons, & leur structure neuue:
Et ceus d'enbas creignirent de rechef
Par le deluge auoir mesme mechef.
Que dirai plus? la Lune ancor' nouuelle
Dans les Iumeaus, cet Arue renouuelle
Pareil dedein, non content du second,
Tant etoit l'air en deluges second.
 Qui a tant pu causer d'humidité,
Etans les cinq es lieus d'aridité?
Seroit ce point Iuppiter, qui conuerse
Auec l'Enfant qui son Aiguiere verse?
Et puis Saturne au Scorpion posé?
Ou l'Orion au Soleil opposé?
Seroit ce point le Trigone aquatique,
Qui veut ouurer sa derniere pratique,
Ains que ceder dedans douze ans expres,
Au grand Trigone ardent, qui vient apres.
 Et auons eu, parmi ces desfortunes,
La glace horrible, & neiges importunes,
Qui ont en l'air, en la terre & es eaus,
Transi de froid, bestes, poissons, oiseaus:
On ne voit point en l'annee où nous sommes,
Perdriz, leurauz, plaisir des gentizhommes,
        Comme

Comme on souloit:ni en l'air,ni aus chams,
Oiseaus bandez, & degoiser leurs chans.
 O que mon cueur à de depit & d'ire,
De tant de fois vn mesme fait redire,
Et que le tems obstiné me retreint
En vn suget si dur & si contreint!
Voici ancor' que le pesant Saturne,
Du Scorpion frapant l'Astre diurne,
Dedans l'Aquaire,apres l'an,retourné,
Nouueau debord pluuieus a donné.
Ce Róne ancor' a mis à la renuerse
Le pont refait,qu'à Seissel on trauerse:
La neige es Mons se fondant de rechef
En plein hyuer,pour croître le mechef.
Plus que iamais sa fureur a montree
L'eau rauineuse en Chamberi entree:
Et excedant ses coutumiers debors
De meinte rue a surmonté les bors.
Et à Lyon,qui ses foires exploite,
Tout de nouueau fut troublee l'emploite:
Et les marchans ia tant endommagez,
De mal sur mal se trouuerent chargez.
Ces iours Mercure es Poissons se vint mettre,
Puis contre luy la Lune en diametre,
Soir,que l'eclair,& le Ciel qui tonna
En plein hyuer,le vulguere etonna.
 Donq' faudroit il de ces eaus pluuiales
Tousiours se pleindre,& des ces fluuiales,
Si les malheurs venoint de leur seul cours,
N'etans aydez d'autres plus grans concours.
Les douze mois,ont tous en vne annee

        Quel

Quelque finistre auenture donnee:
Voire plusieurs, si notre souuenir
Pouuoit les tems & les lieus retenir.
Les Elemens, contraires, entre eus quatre
Se sont bandez, pour à l'enui combatre,
A qui seroit le plus desordonné,
En cet etat de Nature etonné.
 Souz les Poissons, trois soirs qui se suiuirent,
Second de Mars, & tiers, & quart, se virent
Les feus ardens sur les maisons epars,
Dans Anecy, & aus procheines pars:
Venus etant au Soleil iointe, à iuste,
Alant arriere, & Mars des raiz combuste,
Deuers la fin des Poissons paruenant,
Phenon, les trois du Scorpion tenant.
Et sembloit bien es toiz le feu se prendre,
Tant qu'au secours chacun se uenoit rendre:
Ici pensiez, que là le feu fut pris:
Là vous pensiez, qu'ici il fut epris:
Chacun en soi auoit fraieur & creinte
Pour son voisin, plus que pour soi empreinte.
Au tour du Lac, & mesmes au dedans,
Brandons de feu tomberent tous ardens.
 Souz le Toreau, qu'auec l'epaule destre
De l'Orion la Lune pouuoit estre,
Vers la minuit, la Terre s'ebranla,
Dans Anecy, Peletier etant là:
Mais peu durant, & tant que met vn homme
A s'eueiller la nuit d'vn parfond somme:
Car es Mons creus, entr'ouuers par dessouz,
Plus prontement les grans Vens sont dissouz.
         Et n'ont

Et n'ont eté assez griez & molestes
Les grans esors de ces signes funestes,
Sinon qu'on vit (ô cas bien outrageus
A la Nature!) un ecler orageus
Sortir de terre, exhalant la fumee,
Suiuie acoup d'une flamme alumee,
Et puis d'un bruit le tonnerre imitant,
Et de ça bas le haut Ciel irritant:
Iour, qu'à Saturne ont donné noz vieus peres,
Entrant Phebus au Signe des deus Freres:
Le premier point de la Liure ascendant:
La Roche en est témoignage rendant.

 Mais entre tant de memorables signes,
Et de merueille à tous les Siecles dignes,
Du lac Leman le fait contagieus,
Est l'un pour vrei des plus prodigieus:
Enorme fait, qui toute foi excede,
Toute longueur de tems, & tout remede,
Par tant d'etez, par tant d'hyuers suiuans,
Et entre gens sur leur garde viuans.
Ancor' le bruit rengreg'ant les prodiges,
Y va meslant fantomes & prestiges,
Corps simulez, de rencontre & deuis,
Ne diferans en rien des hommes vifz.
Mais aidez moi, ô Muses, à me taire,
Comme à parler, qui vous suis secretaire:
,, Car l'eloquence, est en rien ne disant,
,, Mieus meintefois, qu'en beaucoup deuisant.
Noz suruiuans, oyans chose inaudite,
Estimeroint notre saison maudite,
Tant sont les cas de peu de foi pouruuz,

            Si lon

Si lon ne croit à ceus qui les ont vuz.
  O Dieu tout bon, qui les Siecles reueilles,
Et entretiens en tes grandes merueilles,
Toi qui te faiz en Nature honorer,
Qui saiz & peuz detruire & restorer,
Si les labeurs que tant tu m'as faitz prendre,
Si les desseins que tu m'as faitz apprendre,
Ou que ie tai', ou que ie ramentoi,
N'ont tems ni lieu où ressortir, sans toi,
Renforce moi mes espriz, qui s'appaisent
En tous tes faitz, puis que telz ilz te plaisent.
Autre que toi ne me peut conuoier,
Pour me garder de choir ou foruoier.
Or fai moi donq' arriuer, s'il est heure,
Et accompli l'espoir qui me demeure:
Tien moi la mein, & au lieu me condui,
Pour le repos de ce petit iourdhui:
Ce tems pendant qu'en ma mein i'ai la plume,
N'etein pourtant l'ardent feu, qui m'alume
A plus grand fait, esperant que l'vn d'eus
N'empeschera l'honneur de tous les deus.
  Donq' remetons tous ces cas deplorables,
Pour retourner aus faitz plus fauorables,
Si sera tems de rechoisir le bord,
Et de dresser la prouë vers le port,
Pour remener, auecques moi en France
Les Seurs qui m'ont gouuerné des enfance,
Et m'ont conduit en tant de lieus diuers,
Par le fort tems des etez & hyuers.
Que si Fortune onq' ne les a aidees,
Vertu pourtant les a si bien guidees,

E

Que les longs ans, auecques elles cruz,
N'ont du labeur iamais eté recruz.
Auec lequel l'espoir leur est facile
D'entrer ancor' en ce grand domicile,
Mesme portant de leurs dons familiers,
Pour pendre au haut des plus fermes piliers.
 L'Astre annuel, ia l'estiuale pointe
Passoit d'huit iours: sa Seur etoit coniointe
Sur les dixhuit des Iumeaus, auec Mars:
Phenon la Liure eut aus vintehuit pars:
Les vintetrois des Poissons, Iupin tindrent,
Les vintesept du Taure, Venus prindrent:
Mercure, au quart du Lion se getoit,
Quand Iaques vint là où Iaques etoit.
 Reçoi ton Prince, Anecy, reuenant,
Ce couple beau des chers enfans menant,
Bien tendres d'ans, mais deus gages bien fermes
De son amour: & deus genereus germes,
Dont sortiront les francs & beaus sions,
Au long aler des generations.
 C'est meintenant, ô Muses honorables,
Que vous deuez plus vous rendre exorables
A moi, si onq mon chant vous fut agré,
Et si ie suis par vous Prestre sacré,
Des plus sugetz & des plus volonteres,
Ie vous requier, Deesses saluteres,
Par Apolon votre Prince & fauteur,
Et de noz faiz de Medecine auteur,
Lui impetrer, qu'en brief lui soit rendue
Cete vigueur, qui lui est si bien due:
Car que lui sert d'estre en ses fermes ans?

          D'auo

D'auoir l'esprit,& le cueur si presens,
Sinon qu'aussi l'ame,qui l'euertue,
D'vn pareil corps soit garnie & vetue?
Sans qu'il se face es grans lieus regreter,
Où il ne peut sa presence preter?
De quoi lui sert la veine tant eureuse,
Imbue à plein de votre eau sauoureuse,
Si la langueur ses beaus desseins trompant,
A tous les coups les va interrompant?
Enten ô Ciel,la grand' priere expresse,
Les criz & veuz d'vn peuple qui te presse,
Pour le secours de son Prince indispos,
Duquel depend son bien & son repos.
Et si mes vers en ces Mons qu'ilz decriuent,
Tout à loisir se nourrissent & viuent,
Et en l'honneur des Princes genereus,
Viuent ancor' par toi,& toi par eus,
Anne, clair sang d'Hercule & de Renee,
Desquelz tu es l'eureuse fille aisnee:
Qui vas tousiours meintenant ton bon eur
Par les mariz,qui haussent ton honneur,
Et toi le leur,qui du fleuron Galique
Es prouenue,& de branche Italique:
Les guerres t'ont le premier preuenu,
Long tems te soit l'autre en paix meintenu.

 Tu as,Sauoye, vn ornement ancore,
Qui ton renom de rarité decore.
Entre les dons de Nature estimez,
Sont les effetz aus Herbes imprimez.
Onq cete ouuriere, à produire ententiue,
Ne se montra si riche & inuentiue,

E 2

Qu'en ces hauz Mons, si noblement herbuz,
Qu'on les diroit boutiques de Phebus.
Ne pensez pas qu'ell' ne se soit iouee,
Au grand pouuoir dont elle s'est douee:
Car quand ces Mons erig'a & vetit,
Elle y voulut faire vn Monde petit.
Bien me deplait qu'en l'abondance riche,
Ie suis contreint d'estre, à l'exposer, chiche:
Quand ie ne peu en lieus si plantureus,
Faire aucun chois, sinon auentureus.
 Par tout, celle herbe amere est rancontree,
A Gentian Illirique montree:
En Anticire il ne faut point passer,
Pour l'vn & l'autre Elebore amasser:
Ny pour trouuer l'Absinte aromatique,
Ne faut chercher la region Pontique:
Mais au defaut du Dictam Candiot,
On voit par tout l'odorant Pouliot.
Assez y sont en leurs lieus ordinaires,
Et l'Hepatique, & les deus Pulmonaires:
Et cellesla qui ont leurs noms tenuz
Du mol nombril, & cheueus de Venus:
Celles ancor' que du Satire on nomme,
Et l'Orchis Grec, irritemens de l'homme,
Qui au deuoir de l'Amour se contreint:
Et cellela, qui les lieus molz retreint,
Dite Alquimile: & celle qui desserre
Les cours des Mois, qu'lz disent Fiel de terre.
La Saxifrage, exquise aus Graueleus:
Le Liseron, exquis aus grateleus.
Le Splenion, consumant la ratelle,

La Ger

La Germandree, ayant la vertu telle,
Et telle aussi l'Arabesque Cetrac:
La Scabieuse, eide contre l'antrac:
Toutes les cinq, ayans nom de Consoude,
Par qui la playe & rupture se soude:
La Filipende, & la Berle, qui sont
Propres aus reins, pour les vices qu'ilz ont.
Et tous les trois Eupatoires ancores,
Celui des Grecz, & celui des deus Mores:
Chacun ayant beauz effetz & diuers,
Dont l'Agerat, tue aus enfans les vers.
Et Gracedieu, qui l'Hysope figure,
Aimant les eaus, des playes promte cure,
Dont le Cheual deuient tout foible & lent:
Et à purger, breuuage violent.
La Numulaire, ainsi du denier dite,
Exquise à nous, aus Brebiz interdite:
Et la Merueille, au nom bien äuenant,
Par les iardins, de plante prouenant.
Ici ancor' sont les deus Sarrazines,
Seruans aus beins des nouuelles gesines:
Et le Narcisse, attirant au dehors
L'epine, ou fer affiché dans le corps.
Le Sermontein, la Bistorte, qui seruent
Es composez, qui de danger preseruent.
Et l'Heptaphile, à bien pres imitant
Celle Bistorte, aus venins resistant:
Et notre Otruche, à ce tant estimee,
Des anciens ancor' non exprimee:
Comme non plus tant d'autres n'ont eté
De nom, deffet, ni de proprieté:

E 3

Et la Lunaire, a la feuille entreiointe,
Qui est grapue au plus pres de la pointe,
Belle pour vrei:les multiplicateurs,
Ne sai pourquoi, en sont grans amateurs:
Estce point celle (ou si l'auteur bruit erre,
Lui donnant nom?) qui le cheual deferre
Passant dessus? &, comme ancor' le bruit
Accorde au nom, qui à la Lune luit?
Et Martagon, entre les Liz nombree,
Des transinueurs ancor' mieus celebree,
L'Androsemon, au Trucheran semblant,
Et comme lui, à l'etreindre, sanglant:
Et celle ancor' aus greins rouges, Limoine,
A retirer les mois fluans idoine:
Et les Solans, prouocans à dormir:
Et l'Asaron, prouocant à vomir.
Et le Ciclam, qui soudein aide baille
A enfanter, quand la femme en trauaille.
Et celle la, qui d'ail a la senteur,
Gardant les corps d'aler à puanteur.
La tige ancor' de la grosseur du pouce,
Qui à la cime vne grand' feuille pousse,
Nom de chapeau de la Grece portant,
Et le malin vlcere confortant.
Et l'herbe ayant la feuille dentelee,
(Risort sauuage, au vulguere appellee)
Et sa racine, vn gout fort & cuisant:
Aus hernieus breuuage fort duisant.
La Cacalie (où le merq deceuable
Dement les yeus) y est ancor' trouuable,
Qui a le ius comme Reglice dous.

Bonne

Bonne au poumon, & âpreté de toux.
   Et ne faut pas que par oubli demeurent
Les Aconiz, dont tant de bestes meurent,
Renars, & Louz, & les fiers Liepars,
Nez ennemis des etables & parcs:
Ancores moins celle herbe à voir tant belle,
Qui de Páris vulguerement s'appelle,
D'vn bois tout droit, aiant en deus endroiz,
Milieu & haut, quatre feuilles en crois.
Aus Aconiz tout contraire s'epreuue
Son rouge grein, q'ua la cime lon treuue:
Qui au cerueau restore la raison,
Soit par langueur perdue, ou par poison.
I'ai longuement par ces Mons recherchee
L'herbe à bon droit des experts tant preschee,
A qui de l'ange a eté fait le nom:
Mais ie ne sai s'y treuue, ou non:
Iure, le Mont, qui les Cantons confronte,
Nous en fournit vne abondance promte.
Peust elle entiere autant se conseruer,
Qu'ell' peut de maus guerir & preseruer:
Sa creuse tige, & sa rare sustance,
Contre le tems n'ont longue resistance:
,, Mais il conuient que nous viuons contens,
,, Que les grans biens ne durent pas long tems.
   Le Tamaris, aus feuilles palissantes,
Y croit au bord des Riuieres glissantes:
A la douleur des dens bien reputé,
Et à la rate enflee de durté.
   Mais où me metz ie, en chose si diffuse?
Qui l'ornement du langage refuse?

E 4

Là où peu sert l'oreille sans les yeus,
L'etude assez, mais l'epruue ancor' mieus.
Par tout i'inuoque, Apolon, ta puissance,
Pour de tes dons me faire iouissance:
Mais en ce lieu, tant ne veu m'amuser
A dire bien, qu'à bien faire & vser:
Ici n'a grace vn Vers suget au nombre,
Et des effetz il n'exprime qu'vne ombre:
Fai moi ici plus ouurer & sauoir:
Ailleurs fai moi plus d'elegance auoir.

 Dessus la Vile, à qui le nom de Bonne
(Siege premier du Foucigni) se donne,
Et qu'au milieu Arue va ondoyant,
Est Môle assis, en son tems verdoiant
Pour les Bergers recherchans la pâture:
Mais aus espriz admirans la Nature,
Les Simples beaus produisant a planté,
Plus qu'autre Mont par les Alpes planté.
Sa montee est moins roide que hauteine,
Dessus la pointe ayant vne fonteine,
Dont le clair bruit, donne à ceus qui sont las
Du long monter, grand' frescheur & soulas.
Là vne odeur de fleurs epanouyes,
Rend du cerueau les forces reiouyes:
Soit celuila qui de toutes s'epard,
Ou soit celui des vnes tout apart.

 Non loin de lui, est Sodene (ainsi comme
Il n'i a Mont, que le païs ne nomme:)
La Roche voit tous les deus audeuant,
Môle vers Nort, Sodene vers Lëuant.
Et qui voudra des Mons voir l'outrepasse,
         Par ces

Par ces deus là, lui conuiendra qu'il passe.
Dedans les deus, mesme nombre ne vient:
Mais à chacun sa rarité conuient:
Quand le premier vous aurez vu à l'aise,
Force sera que l'autre autant vous plaise.
Et ainsi sont pres à pres confrontez,
Pour en leur tour estre tous deus montez.

Mais quel pouuoir peut esttre tel, qu'il rende
L'air & la terre en concorde si grande?
Et qu'vn Soleil donne si grand' tiedeur
Sur ces sommetz ouuers à la froideur?
Des flocz neigeus la force aërienne
Couure & nourrit la moiteur terrienne,
Et la defend de l'iniure des Vens,
Soint glaciaus, arides, ou feruens.

Vreiment ici se voit la grand' largesse
De la Nature, ou mieus, la grand' sagesse,
Qui de son sein tout par ordre depart,
Et qui en donne à tous ages leur part.
D'œil attentif vous admirez les Plantes
Ancor' sans nom, & si peu resemblantes
A cellesla que l'Empirique ecrit
En ce bel Euure à son Aree inscrit,
N'a cellesla qu'a trouuees notr' age,
Leur donnant nom de leur forme & ouurage.
Grande faueur à noz siecles tardiz,
Plus grande ancor', qu'aus siecles de iadis,
Qui a montré ces herbes & racines,
A nouueaus maus, nouuelles medecines:
Quoi que n'aions ancores ce merci,
Que tout l'effet nous en soit eclairci:

E 5

Mais penſons bien, que les longues annees
Donnent le cours à toutes choſes nees:
,, *Sauoir ne vient à l'homme qu'à tems du,*
,, *Et pour labeur les Dieus ont tout vendu.*
Noz ſens premiers l'alme Genie honorent,
Pour les beautez qui la terre colorent:
Puis à loiſir la forme faut noter:
Apres au goût la ſaueur rapporter,
Si ſalee eſt, ou inſipide l'herbe,
Douſſe, amere, acre, acide, auſtere, acerbe:
Quel temps les fait naître, auancer, viellir:
Quele eſt la fleur, & la greine à cueillir:
Et ſi la force au ſecher diminue,
Ou s'elle augmente, ou s'elle continue.
Ainſi en art aſſemblant les raiſons,
Par vreye epreuue vn iugement faiſons,
N'auons nous pas decouuert les riuages
De l'autre Monde, & les veluz Sauuages?
Dont s'eſt connu ce haut feuillu Petun,
A tant de maus vtile & opportun?
Et autres dons, deſquelz l'eſperience
Nous a formé peu à peu la ſcience?
Si la vertu autre terroi ſentant,
Et autre Ciel, ne s'aloit dementant.

   Si nous euſſions pourtant la connoiſſance
Des notres biens, ou la iuſte puiſſance
Sur noz deſirs, ſans eſtre mendiens
Par les païs Mores ou Indiens:
Nous n'aurions point d'eſperances douteuſes,
Ni de noz faitz repentances honteuſes:
Ayans voulu trop cherement aimer

                                            Les no

DE LA SAVOYE.

Les nouueautez qui vienent d'outremer.
„ Le naturel profit,& legitime,
„ Perd tout son pris, quand on le desestime.
„ Le conuoiter, qui nous ronge & detruit,
„ Du bien contant nous fait perdre le fruit.
Bien auons nous vn instinct, qui fait croitre
Dedans noz cueurs l'enuie de connoitre:
Cent mil obgetz se trouuent d'admirer,
Cent mil & plus, qui nous font desirer,
Souz les secretz de la grand' Prouidence:
„ Mais le desir doit auoir sa prudence:
„ Cil qui n'a vu que son seul lieu natif,
„ Il a vescu ainsi comme captif:
„ Celui qui est hors de la tourbe vile,
„ Et tout vn Monde estime estre vne Vile,
„ Eureus est il, si ici & ailleurs
„ Il rend ses faitz & ditz tousiours meilleurs.
„ Mais si l'aler & le voir, nous attise
„ De veins obgetz tousiours la couuoitise,
„ Meilleur seroit du Berger le parti,
„ Qui n'est iamais des Montagnes parti.
    A tant par moi la Sauoye chantee,
Apres l'auoir deus ans entiers hantee,
Et aiant vu cinquantecinq hyuers,
Au Tems ailé ie consacre mes vers.

F I N.

CHANT DE L'AVTEVR,
presenté à Madite Dame.

SI IE repren mes anciennes erres,
Princeſſe, ſoin des Cieus, honneur des Terres,
Si on me voit du meſme ieu epris,
Dont i'ai laiſsé, non pas quité le pris:
Ie n'ai point peur que la docte Neuueine
Rende apreſent cete repriſe veine:
Vu qu'à mes vers ſe montre pour obget,
Si grand merite, & ſi digne ſuget.
Ie connoi bien les Muſes honorables
M'auoir eté grandement fauorables,
Quand mes premiers ouurages publiez,
Par leur vouloir vous furent dediez.
Et voi à clair, que la part la meilleure
De mon bon eur, ſe decouurit à l'heure
Que ie fondai mon bruit & mon renom
Sur la grandeur de votre treshaut nom.

 Quand me ſouuient des ſaiſons de l'Annee,
Dont ie vous ai par ecrit etrenee,
Où ie vous ai au Printems ſouhaité,
Qu'il vous auint ce plantureus Eté,
Lequel ie voi de preſent qui vous donne
Promeſſe & foi d'vn fructueus Autonne,
Auquel ſuiuant vn Hyuer ſauoureus,
Rendra en tout voz quatre Tems eureus:
         Puis

Puis quand ie voi ce clair esprit, qui dure
En son Printens, & nul Hyuer n'endure:
Ce m'est grand eur, que i'aye eu ce credit
Enuers le Tems, d'auoir si bien predit:
Et qu' Apolon, qui aus Muses preside,
Et en l'esprit des Poetes reside,
M'ait fait ce don, que moi prophetizant
De voz Destins, i'aye eté vrei disant.
Puis que le Ciel, qui vous a eleuee,
A ce grand Duc vous auoit reseruee,
Et lui à vous, qui vous a assemblez,
Par ce que tant l'vn à l'autre semblez.
   Mais pensez vous combien il est estrange
Qu'vn Poete soit prodigue de louänge,
Et puis qu'il voye auenir les effetz
Tout au rebours des Ecriz qu'il a faitz?
Les vns sans chois toutes honneurs augmentent,
Qui de leur faute au dedans se dementent:
Les autres sont souz la sugecion
De l'amitié, & de l'afeccion:
Qui telement ont la vuë eblouye,
L'auis troublé, & credule l'ouye.
Qu'ilz vont trompant du fard de verité
L'ami, eus mesme, & la posterité.
Mais quand ie voi que louëe vous estes
Egalement du bruit & des Poetes,
Quand i'apperçoi que ce qui est en vous
Surmonte ancor' l'opinion de tous,
Indicible est l'aise qui me contente,
De voir l'effet de ma premiere attente:
Indicible est en quel plaisir ie vi,

                                  D'auoir

D'auoir eté de tant d'espriz suiui.
 Voila pourquoi ma Muse se rallume
En voz vertus,& renforce ma plume:
Et sachant bien que le propre instrument
Lui faillira plus tost que l'argument,
Vient reueiller sa force coûtumiere,
Au souuenir de sa vertu premiere:
Si bien que tant que chanter el' pourra,
Par votre nom ses Chans elle clorra.

Sonnet dudit Auteur.

Tu t'enfles, Pau, de deus honneurs diuers,
　Qui sont fondez dessus deus Marguerites:
Montcalier l'vne orne de ses merites,
　L'autre remplit Piemont, ains l'Vniuers.
L'vne est la fleur diaprant les chams vers,
　Ou, mieus, ell' est quelcune des Carites:
L'autre a au Ciel ses louänges ecrites,
　Outrepassant le suget de mes vers.
S'elles etoint d'vne mesme grandeur,
　Il y auroit ça bas deus Souuereines:
S'elles etoint de pareille splendeur,
Le iour auroit deus lumieres sereines.
　Mais quoi? le Monde vn seul Soleil peut voir,
　Si bien il peut quatre Graces auoir.

　　　　　　　　　　　　　　Autr

Autre.

L'homme de cueur par Vertu tend au port:
 Mais si Faueur en poupe ne s'appreste,
 Faute de Vent en haute Mer l'arreste,
 Ou le fort Vent le gete loin du bord.
Que si Fortune, auec vn dous aport,
 Sans la Vertu, d'aspirer est trop preste,
 Au long aler, suruenant la tempeste,
 Se perd la Nef, le voiage & le port.
O qu'eureus est, qui iouit de chacune,
 Quand l'vne guide, & l'autre enfle le cours!
 O que peu est celui qui n'en a qu'vne!
Donq qui aura l'vne à l'autre prospere,
 Soit tant plus prest à preter son secours
 A qui ancor' l'vne par l'autre espere.

Autre.

Ie vá & vien par volontaire suite,
 Pour contempler le Monde en diuers lieus,
 En euitant, a tout le moins des yeus,
 Tant de malheurs, dont la Frãce est detruite.
Tandis, Daumouche, alant de suite en suite,
 Reconnoissant amis nouueaus & vieus,
 Ie t'ai connu de ceus qui iugent mieus,
 Que la Vertu est ma seule conduite.
Chacun de moi se montre defiant,
 De chaque part on me va epiant:
 Mais si on veut qu'en brief ie me reuele,
En temperant peu à peu mes humeurs,
 Ie m'euuieilli d'vne vertu nouuelle,
 Et raieuni es anciennes meurs.

MOINS ET MEILLEVR.

www.ingramcontent.com/pod-product-compliance
Lightning Source LLC
LaVergne TN
LVHW020107100426
835512LV00040B/1804

9 780125 639333